中华优秀传统文化在现代管理中的创造性转化与创新性发展工程
“中华优秀传统文化与现代管理融合”丛书

跟中国古代先贤学决策

梁　刚◎著

企业管理出版社
ENTERPRISE MANAGEMENT PUBLISHING HOUSE

图书在版编目（CIP）数据

跟中国古代先贤学决策 / 梁刚著. -- 北京 : 企业管理出版社, 2025. 7. --（“中华优秀传统文化与现代管理融合”丛书）. -- ISBN 978-7-5164-3205-1

Ⅰ. F272.15

中国国家版本馆CIP数据核字第2025XP1708号

书　　名：跟中国古代先贤学决策
书　　号：ISBN 978-7-5164-3205-1
作　　者：梁　刚
责任编辑：于湘怡
特约设计：李晶晶
出版发行：企业管理出版社
经　　销：新华书店
地　　址：北京市海淀区紫竹院南路17号　　邮　　编：100048
网　　址：http://www. emph. cn　　电子信箱：1502219688@qq.com
电　　话：编辑部（010）68701661　发行部（010）68417763　68414644
印　　刷：北京联兴盛业印刷股份有限公司
版　　次：2025年7月第1版
印　　次：2025年7月第1次印刷
开　　本：710mm × 1000mm　1/16
印　　张：13
字　　数：145千字
定　　价：78.00元

编 委 会

冯彦明 中央民族大学经济学院教授

巩见刚 大连理工大学公共管理学院副教授

毕建欣 宁波财经学院金融与信息学院金融工程系主任

吕　力 扬州大学商学院教授，扬州大学新工商文明与中国传统文化研究中心主任

刘文锦 宁夏民生房地产开发有限公司董事长

刘鹏凯 江苏黑松林粘合剂厂有限公司董事长

齐善鸿 南开大学商学院教授

江端预 株洲千金药业股份有限公司原党委书记、董事长

严家明 中国商业文化研究会范蠡文化研究分会执行会长兼秘书长

苏　勇 复旦大学管理学院教授，复旦大学东方管理研究院创始院长

李小虎 佛山市法萨建材有限公司董事长

李文明 江西财经大学工商管理学院教授

李景春 山西天元集团创始人

李曦辉 中央民族大学管理学院教授

吴通福 江西财经大学中国管理思想研究院教授

吴照云 江西财经大学原副校长、教授

吴满辉 广东鑫风风机有限公司董事长

余来明 武汉大学中国传统文化研究中心副主任

辛　杰 山东大学管理学院教授

张　华 广东省蓝态幸福文化公益基金会理事长

张卫东 太原学院管理系主任、教授

张正明 广州市伟正金属构件有限公司董事长

张守刚 江西财经大学工商管理学院市场营销系副主任

陈　中 扬州大学商学院副教授

陈　静 企业管理出版社社长兼总编辑

陈晓霞 孟子研究院党委书记、院长、研究员

范立方 广东省蓝态幸福文化公益基金会秘书长

范希春　中国商业文化研究会中华优秀传统文化传承发展分会专家委员会专家

林　嵩　中央财经大学商学院院长、教授

罗　敏　英德华粤艺术学校校长

周卫中　中央财经大学中国企业研究中心主任、商学院教授

周文生　范蠡文化研究（中国）联会秘书长，苏州干部学院特聘教授

郑俊飞　广州穗华口腔医院总裁

郑济洲　福建省委党校科学社会主义与政治学教研部副主任

赵德存　山东鲁泰建材科技集团有限公司党委书记、董事长

胡国栋　东北财经大学工商管理学院教授，中国管理思想研究院院长

胡海波　江西财经大学工商管理学院院长、教授

战　伟　广州叁谷文化传媒有限公司 CEO

钟　尉　江西财经大学工商管理学院讲师、系支部书记

宫玉振　北京大学国家发展研究院发树讲席教授、BiMBA 商学院副院长兼 EMBA 学术主任

姚咏梅　《企业家》杂志社企业文化研究中心主任

莫林虎　中央财经大学文化与传媒学院学术委员会副主任、教授

贾旭东　兰州大学管理学院教授，“中国管理 50 人”成员

贾利军　华东师范大学经济与管理学院教授

晁　罡　华南理工大学工商管理学院教授、CSR 研究中心主任

倪　春　江苏先锋党建研究院院长

徐立国　西安交通大学管理学院副教授

殷　雄　中国广核集团专职董事

凌　琳　广州德生智能信息技术有限公司总经理

郭　毅　华东理工大学商学院教授

郭国庆　中国人民大学商学院教授，中国人民大学中国市场营销研究中心主任

序　一

/

以中华优秀传统文化为源　启中国式现代管理新篇

中华优秀传统文化形成于中华民族漫长的历史发展过程中，不断被创造和丰富，不断推陈出新、与时俱进，成为滋养中国式现代化的不竭营养。它包含的丰富哲学思想、价值观念、艺术情趣和科学智慧，是中华民族的宝贵精神矿藏。党的十八大以来，以习近平同志为核心的党中央高度重视中华优秀传统文化的创造性转化和创新性发展。习近平总书记指出“中华优秀传统文化是中华民族的精神命脉，是涵养社会主义核心价值观的重要源泉，也是我们在世界文化激荡中站稳脚跟的坚实根基”。

管理既是人类的一项基本实践活动，也是一个理论研究领域。随着社会的发展，管理在各个领域变得越来越重要。从个体管理到组织管理，从经济管理到政务管理，从作坊管理到企业管理，管理不断被赋予新的意义和充实新的内容。而在历史进程中，一个国家的文化将不可避免地对管理产生巨大的影响，可以说，每一个重要时期的管理方式无不带有深深的文化印记。随着中国步入新时代，在管理领域实施中华优秀传统文化的创造性转化和创新性发展，已经成为一项应用面广、需求量大、题材丰富、潜力巨大的工作，在一些重要领域可能产生重大的理论突破和丰硕的实践成果。

第一，中华优秀传统文化中蕴含着丰富的管理思想。中华优秀传统文化源远流长、博大精深，在管理方面有着极为丰富的内涵等待提炼和转化。比如，儒家倡导“仁政”思想，强调执政者要以仁爱之心实施管理，尤其要注重道德感化与人文关怀。借助这种理念改善企业管理，将会推进构建和谐的组织人际关系，提升员工的忠诚度，增强其归属感。又如，道家的“无为而治”理念延伸到今天的企业管理之中，就是倡导顺应客观规律，避免过度干预，使组织在一种相对宽松自由的环境中实现自我调节与发展，管理者与员工可各安其位、各司其职，充分发挥个体的创造力。再如，法家的“法治”观念启示企业管理要建立健全规章制度，以严谨的体制机制确保组织运行的有序性与规范性，做到赏罚分明，激励员工积极进取。可以明确，中华优秀传统文化为现代管理提供了多元的探索视角与深厚的理论基石。

第二，现代管理越来越重视文化的功能和作用。现代管理是在人类社会工业化进程中产生并发展的科学工具，对人类经济社会发展起到了至关重要的推进作用。自近代西方工业革命前后，现代管理理念与方法不断创造革新，在推动企业从传统的小作坊模式向大规模、高效率的现代化企业，进而向数字化企业转型的过程中，文化的作用被空前强调，由此衍生的企业使命、愿景、价值观成为企业发展最为强劲的内生动力。以文化引导的科学管理，要求不仅要有合理的组织架构设计、生产流程优化等手段，而且要有周密的人力资源规划、奖惩激励机制等方法，这都极大地增强了员工在企业中的归属感并促进员工发挥能动作用，在创造更多的经济价值的同时体现重要的社会价值。以人为本的现代管理之所以在推动产业升级、促进经济增长、提升国际竞争力等方面须臾不可缺少，是因为其体现出企业的使命不仅是获取利润，更要注重社会责任与可持续发展，在环境保护、社会公平等方面发挥积极影响力，推动人类社会向着更加文明、和谐、包容、可持续的方向迈进。今天，管理又面临数字技术的挑战，更加需要更多元的思想基础和文化资源的支持。

第三，中华优秀传统文化与现代管理结合研究具有极强的必要性。随着全球经济一体化进程的加速，文化多元化背景下的管理面临着前所未有的挑战与机遇。一方面，现代管理理论多源于西方，在应用于本土企业与组织时，往往会出现“水土不服”的现象，难以充分契合中国员工与生俱来的文化背景与社会心理。中华优秀传统文化所蕴含的价值观、思维方式与行为准则能够为现代管理面对中国员工时提供本土化的解决方案，使其更具适应性与生命力。另一方面，中华优秀传统文化因其指导性、亲和性、教化性而能够在现代企业中找到新的传承与发展路径，其与现代管理的结合能够为经济与社会注入新的活力，从而实现优秀传统文化在企业管理实践中的创造性转化和创新性发展。这种结合不仅有助于提升中国企业与组织的管理水平，增强文化自信，还能够为世界管理理论贡献独特的中国智慧与中国方案，促进不同文化的交流互鉴与共同发展。

近年来，中国企业在钢铁、建材、石化、高铁、电子、航空航天、新能源汽车等领域通过锻长板、补短板、强弱项，大步迈向全球产业链和价值链的中高端，成果显著。中国企业取得的每一个成就、每一项进步，离不开中国特色现代管理思想、理论、知识、方法的应用与创新。中国特色的现代管理既有“洋为中用”的丰富内容，也与中华优秀传统文化的“古为今用”密不可分。

“中华优秀传统文化与现代管理融合”丛书（以下简称“丛书”）正是在这一时代背景下应运而生的，旨在为中华优秀传统文化与现代管理的深度融合探寻路径、总结经验、提供借鉴，为推动中国特色现代管理事业贡献智慧与力量。

“丛书”汇聚了中国传统文化学者和实践专家双方的力量，尝试从现代管理领域常见、常用的知识、概念角度细分开来，在每个现代管理细分领域，回望追溯中华优秀传统文化中的对应领域，重在通过有强大生命力的思想和智慧精华，以“古今融会贯通”的方式，进行深入研究、探索，以期推出对我国现代管理有更强滋养力和更高使用价值的系列成果。

文化学者的治学之道，往往是深入研究经典文献，挖掘其中蕴含的智慧，并对其进行系统性的整理与理论升华。据此形成的中华优秀传统文化为现代管理提供了深厚的文化底蕴与理论支撑。研究者从浩瀚典籍中梳理出优秀传统文化在不同历史时期的管理实践案例，分析其成功经验与失败教训，为现代管理提供了宝贵的历史借鉴。

实践专家则将传统文化理念应用于实际管理工作中，通过在企业或组织内部开展文化建设、管理模式创新等实践活动，检验传统文化在现代管理中的可行性与有效性，并根据实践反馈不断调整与完善应用方法。他们从企业或组织运营的微观层面出发，为传统文化与现代管理的结合提供了丰富的实践经验与现实案例，使传统文化在现代管理中的应用更具操作性与针对性。

“丛书”涵盖了从传统文化与现代管理理论研究到不同行业、不同领域应用实践案例分析等多方面内容，形成了一套较为完整的知识体系。“丛书”不仅是研究成果的结晶，更可看作传播中华优秀传统文化与现代管理理念的重要尝试。还可以将“丛书”看作一座丰富的知识宝库，它全方位、多层次地为广大读者提供了中华优秀传统文化在现代管理中应用与发展的工具包。

可以毫不夸张地说，每一本图书都凝聚着作者的智慧与心血，或是对某一传统管理思想在现代管理语境下的创新性解读，或是对某一行业或领域运用优秀传统文化提升管理效能的深度探索，或是对传统文化与现代管理融合实践中成功案例与经验教训的详细总结。“丛书”通过文字的力量，将传统文化的魅力与现代管理的智慧传递给广大读者。

在未来的发展征程中，我们将持续深入推进中华优秀传统文化在现代管理中的创造性转化和创新性发展工作。我们坚信，在全社会的共同努力下，中华优秀传统文化必将在现代管理的广阔舞台上绽放出更加绚丽多彩的光芒。在中华优秀传统文化与现代管理融合发展的道路上砥砺前行，为实现中华民族伟大复兴的中国梦做出更大的贡献！

是为序。

朱宏任

中国企业联合会、中国企业家协会

党委书记、常务副会长兼秘书长

序　二

/

文化传承　任重道远

财政部国资预算项目“中华优秀传统文化在现代管理中的创造性转化与创新性发展工程”系列成果——“中华优秀传统文化与现代管理融合”丛书和读者见面了。

一

这是一组可贵的成果，也是一组不够完美的成果。

说她可贵，因为这是大力弘扬中华优秀传统文化（以下简称优秀文化）、提升文化自信、“振民育德”的工作成果。

说她可贵，因为这套丛书汇集了国内该领域一批优秀专家学者的优秀研究成果和一批真心践行优秀文化的企业和社会机构的卓有成效的经验。

说她可贵，因为这套成果是近年来传统文化与现代管理有效融合的规模最大的成果之一。

说她可贵，还因为这个项目得到了财政部、国务院国资委、中国企业联合会等部门的宝贵指导和支持，得到了许多专家学者、企业家等朋友的无私帮助。

说她不够完美，因为学习践行传承发展优秀文化永无止境、永远在进步完善的路上，正如王阳明所讲“善无尽”“未有止”。

说她不够完美，因为优秀文化在现代管理的创造性转化与创新性发展中，还需要更多的研究专家、社会力量投入其中。

说她不够完美，还因为在践行优秀文化过程中，很多单位尚处于摸索阶段，且需要更多真心践行优秀文化的个人和组织。

当然，项目结项时间紧、任务重，也是一个逆向推动的因素。

二

2022年，在征求多位管理专家和管理者意见的基础上，我们根据有关文件精神和要求，成立专门领导小组，认真准备，申报国资预算项目“中华优秀传统文化在现代管理中的创造性转化与创新性发展工程”。经过严格的评审筛选，我们荣幸地获准承担该项目的总运作任务。之后，我们就紧锣密鼓地开始了调研工作，走访研究机构和专家，考察践行优秀文化的企业和社会机构，寻找适合承担子项目的专家学者和实践单位。

最初我们的计划是，该项目分成“管理自己”“管理他人”“管理事务”“实践案例”几部分，共由60多个子项目组成；且主要由专家学者的研究成果专著组成，再加上几个实践案例。但是，在调研的初期，我们发现一些新情况，于是基于客观现实，适时做出了调整。

第一，我们知道做好该项目的工作难度，因为我们预想，在优秀文化和现代管理两个领域都有较深造诣并能融会贯通的专家学者不够多。在调研过程中，我们很快发现，实际上这样的专家学者比我们预想的更少。与此同时，我们在广东等地考察调研过程中，发现有一批真心践行优秀文化的企业和社会机构。经过慎重研究，我们决定适当提高践行案例比重，研究专著占比适当降低，但绝对数不一定减少，必要时可加大自有资金投入，支持更多优秀项目。

第二，对于子项目的具体设置，我们不执着于最初的设想，固定甚至限制在一些话题里，而是根据实际“供给方”和“需求方”情况，实事求是地做必要的调整，旨在吸引更多优秀专家、践行者参与项目，支持更多优秀文化与现代管理融合的优秀成果研发和实践案例创作的出版宣传，以利于文化传承发展。

第三，开始阶段，我们主要以推荐的方式选择承担子项目的专家、企业和社会机构。运作一段时间后，考虑到这个项目的重要性和影响力，我们觉得应该面向全社会吸纳优秀专家和机构参与这个项目。在请示有关方面同意后，我们于2023年9月开始公开征集研究人员、研究成果和实践案例，并得到了广泛响应，许多人主动申请参与承担子项目。

三

这个项目从开始就注重社会效益，我们按照有关文件精神，对子项目研发创作提出了不同于一般研究课题的建议，形成了这个项目自身的特点。

（一）重视情怀与担当

我们很重视参与项目的专家和机构在弘扬优秀文化方面的情怀和担当，比如，要求子项目承担人“发心要正，导人向善”“充分体现优秀文化‘优秀’二字内涵，对传统文化去粗取精、去伪存真”等。这一点与通常的课题项目有明显不同。

（二）子项目内容覆盖面广

一是众多专家学者从不同角度将优秀文化与现代管理有机融合。二是在确保质量的前提下，充分考虑到子项目的代表性和示范效果，聚合了企业、学校、社区、医院、培训机构及有地方政府背景的机构；其他还有民间传统智慧等内容。

（三）研究范式和叙述方式的创新

我们提倡“选择现代管理的一个领域，把与此密切相关的优秀文化高度融合、打成一片，再以现代人喜闻乐见的形式，与选择的现代管理领域实现融会贯通”，在传统文化方面不局限于某人、某家某派、某经典，以避免顾此失彼、支离散乱。尽管在研究范式创新方面的实际效果还不够理想，有的专家甚至不习惯突破既有的研究范式和纯学术叙述方式，但还是有很多子项目在一定程度上实现了研究范式和叙述方式的创新。另外，在创作形式上，我们尽量发挥创作者的才华智慧，不做形式上的硬性要求，不因形式伤害内容。

（四）强调本体意识

“本体观”是中华优秀传统文化的重要标志，相当于王阳明强调的“宗旨”和“头脑”。两千多年来，特别是近现代以来，很多学者在认知优秀文化方面往往失其本体，多在细枝末节上下功夫；于是，著述虽多，有的却如王阳明讲的“不明其本，而徒事其末”。这次很多子项目内容在优秀文化端本清源和体用一源方面有了宝贵的探索。

（五）实践丰富，案例创新

案例部分加强了践行优秀文化带来的生动事例和感人故事，给人以触动和启示。比如，有的地方践行优秀文化后，离婚率、刑事案件大幅度下降；有家房地产开发商，在企业最困难的时候，仍将大部分现金支付给建筑商，说“他们更难”；有的企业上新项目时，首先问的是“这个项目有没有公害？”“符不符合国家发展大势？”“能不能切实帮到一批人？”；有家民营职业学校，以前不少学生素质不高，后来他们以优秀文化教化学生，收到良好效果，学生素质明显提高，有的家长流着眼泪跟校长道谢：“感谢学校救了我们全家！”；等等。

四

调研考察过程也是我们学习总结反省的过程。通过调研，我们学到了许多书本中学不到的东西，收获了满满的启发和感动。同时，我们发现，在学习阐释践行优秀文化上，有些基本问题还需要进一步厘清和重视。试举几点：

（一）“小学”与“大学”

这里的“小学”指的是传统意义上的文字学、音韵学、训诂学等，而“大学”是指“大学之道在明明德”的大学。现在，不少学者特别是文史哲背景的学者，在“小学”范畴苦苦用功，做出了很多学术成果，还需要在“大学”修身悟本上下功夫。陆九渊说：“读书固不可不晓文义，然只以晓文义为是，只是儿童之学，须看意旨所在。”又说“血脉不明，沉溺章句何益？”

（二）王道与霸道

霸道更契合现代竞争理念，所以更为今人所看重。商学领域的很多人都偏爱霸道，认为王道是慢功夫、不现实，霸道更功利、见效快。孟子说：“仲尼之徒无道桓、文之事者。”（桓、文指的是齐桓公和晋文公，春秋著名两霸）王阳明更说这是“孔门家法”。对于王道和霸道，王阳明在其“拔本塞源论”中有专门论述：“三代之衰，王道熄而霸术焻……霸者之徒，窃取先王之近似者，假之于外，以内济其私己之欲，天下靡然而宗之，圣人之道遂以芜塞。相仿相效，日求所以富强之说，倾诈之谋，攻伐之计……既其久也，斗争劫夺，不胜其祸……而霸术亦有所不能行矣。”

其实，霸道思想在工业化以来的西方思想家和学者论著中体现得很多。虽然工业化确实给人类带来了福祉，但是也带来了许多不良后果。联合国《未来契约》（2024年）中指出“我们面临日益严峻、关乎存亡的灾难性风险”。

（三）小人儒与君子儒

在“小人儒与君子儒”方面，其实还是一个是否明白优秀文化的本体问题。陆九渊说：“古之所谓小人儒者，亦不过依据末节细行以自律”，而君子儒简单来说是“修身上达”。现在很多真心践行优秀文化的个人和单位做得很好，但也有些人和机构，日常所做不少都还停留在小人儒层面。这些当然非常重要，因为我们在这方面严重缺课，需要好好补课，但是不能局限于或满足于小人儒，要时刻也不能忘了行“君子儒”。不可把小人儒当作优秀文化的究竟内涵，这样会误己误人。

（四）以财发身与以身发财

《大学》讲：“仁者以财发身，不仁者以身发财。”以财发身的目的是修身做人，以身发财的目的是逐利。我们看到有的身家亿万的人活得很辛苦、焦虑不安，这在一定意义上讲就是以身发财。我们在调查过程中也发现有的企业家通过学习践行优秀文化，从办企业“焦虑多”“压力大”到办企业“有欢喜心”。王阳明说：“常快活便是功夫。”“有欢喜心”的企业往往员工满足感、幸福感更强，事业也更顺利，因为他们不再贪婪自私甚至损人利己，而是充满善念和爱心，更符合天理，所谓“得道者多助”。

（五）喻义与喻利

子曰：“君子喻于义，小人喻于利。”义利关系在传统文化中是一个很重要的话题，也是优秀文化与现代管理融合绕不开的话题。前面讲到的那家开发商，在企业困难的时候，仍坚持把大部分现金支付给建筑商，他们收获的是“做好事，好事来”。相反，在文化传承中，有的机构打着“文化搭台经济唱戏”的幌子，利用人们学习优秀文化的热情，搞媚俗的文化活动赚钱，歪曲了优秀文化的内涵和价值，影响很坏。我们发现，在义利观方面，一是很多情况下把义和利当作对立的两个方面；二是对义利观的认知似乎每况愈下，特别是在西方近代资本主义精神和人性恶假设背景下，对人性恶的利用和鼓励（所谓“私恶即公利”），出现了太多的重利轻义、危害社会的行为，以致产生了联合国《未来契约》中“可持续发展目标的实现岌岌可危”的情况。人类只有树立正确的义利观，才能共同构建人类命运共同体。

（六）笃行与空谈

党的十八大以来，党中央坚持把文化建设摆在治国理政突出位置，全国上下掀起了弘扬中华优秀传统文化的热潮，文化建设在正本清源、守正创新中取得了历史性成就。在大好形势下，有一些个人和机构在真心学习践行优秀文化方面存在不足，他们往往只停留在口头说教、走过场、做表面文章，缺乏真心真实笃行。他们这么做，是对群众学习传承优秀文化的误导，影响不好。

五

文化关乎国本、国运，是一个国家、一个民族发展中最基本、最深沉、最持久的力量。

中华文明源远流长，中华文化博大精深。弘扬中华优秀传统文化任重道远。

“中华优秀传统文化与现代管理融合”丛书的出版，不仅凝聚了子项目承担者的优秀研究成果和实践经验，同事们也付出了很大努力。我们在项目组织运作和编辑出版工作中，仍会存在这样那样的缺点和不足。成绩是我们进一步做好工作的动力，不足是我们今后努力的潜力。真诚期待广大专家学者、企业家、管理者、读者，对我们的工作提出批评指正，帮助我们改进、成长。

企业管理出版社国资预算项目领导小组

前　言

/

走近中国古代决策智慧

企业竞争是一种复杂的长期系统性竞赛，企业命运不由一个变量决定，而是多个变量互动的结果。传统文化支撑力是现代企业经营力的一个不可或缺的基本维度。中国当代企业管理者亟须补上中国古代先贤决策智慧这一课。

事实上，国外管理学从中国古代先贤那里汲取了很多关涉经营决策的思想养分。

定位理论提出者艾·里斯在其与杰克·特劳特合著的《定位》一书中文版开篇就援引“孙子云：先胜而后求战”，并告诫：“今天很多商业界的领先者都忽视战略，而重视战术。对企业而言，这是极其危险的错误。你在开战之前认真思考和确定战略，才能赢得战役的胜利。”艾·里斯显然从《孙子兵法·军形》“胜兵先胜而后求战，败兵先战而后求胜”的论述中获得了有益启示。艾·里斯在其另一本名著《商战》中提出的防御战、进攻战、侧翼战与游击战四种战法直接导源于克劳塞维茨的《战争论》，但中国兵家经典《孙子兵法》中也有相关的有力论述或潜伏的蛛丝马迹。就拿最关键的攻守战略决策来说，孙子的名言是“守则不足，攻则有余”，意思是，取胜条件不足时要防御，取胜条件非常充足时才能进攻。艾·里斯在《商战》一书中概括了防御中的“数学法则”：军事指挥官在进攻地点至少应投入多于敌方3倍的兵力；在现代营销战中，如果商业将领发动进攻时花费的广告和促销费用仅为对手的1/2、1/3，甚至1/10，就必败无疑。这和孙子强调的“善战者立于不败之地”不谋而合。老子《道德经》所言“吾不敢为主而为客，不敢进寸而退尺”，也是反对冒进战略决策的。艾·里斯认为，企业领导者会犯的最大错误是“不能正视处于防守地位的对手的强大力量”，艾·里斯发出了“‘英雄主义’的病症在太多的企业管理人士中蔓延”的警告。

涩泽荣一作为日本近代产业先驱和工商业精神领袖，一生都崇拜孔子，并积极致力于将儒家之道运用到经商实践之中，提出“士魂商才”的崭新概念。在他看来，只有《论语》才是最能培养士魂底蕴的根本。至于商才，《论语》同样是学习的不二选择。涩泽荣一推崇孔子的决策智慧，认为：“社会上鱼龙混杂，如何才能更好地在这世事多艰的环境里生存也成了重中之重，如果你熟读《论语》，相信它一定会带给你很大的惊喜。”他提出：“随着世界的进步，从欧美也传来了许多新的学说，当中不乏具有真知灼见的好东西，但我看来，它们仍与一些古老的学说有着异曲同工之处，只是措辞更新颖一些罢了。”涩泽荣一把《论语》称为“最无瑕疵的古代经典”，特别指出孔子讲的“仁”是基于功利而言的，是广施于民、救济大众的，因此他推许阳明学而贬抑朱子学，认为绝不能像朱子学那样只在性理上说仁，对圣人之道做狭隘的解释。也就是说，涩泽荣一并非对中国传统文化照单全收，而是从商业经营实践出发有所扬弃。涩泽荣一认为：虽然王学原本就是以仁义道德之修行为主的，但其仁义道德的目的是干事业。因此对他来说首先考虑的是以“事”为主义。宋代儒者由于把这种学问与人之生计相互割裂，所以虽说是在继承孔子的道统，但在他看来，其实是在曲解孔子的思想。可见，涩泽荣一之活用《论语》，提出“《论语》加算盘”的经营决策理念主要建立在王阳明“知行合一”学说基础之上。

在现代日本经营“四圣”之一的稻盛和夫的管理决策哲学中，王阳明心学的影响踪迹同样判然可见。其实，阳明学早在江户时代就已流传到日本。明治维新志士西乡隆盛、吉田松阴等都是公认的阳明心学信徒，而稻盛和夫的精神偶像就是其鹿儿岛同乡前辈西乡隆盛。西乡隆盛的座右铭是“敬天爱人”，明确提出“道为天地自然之道，故讲学之道以敬天爱人为目的，而修身以克己为始终”“人以之行，应以敬天为目的，天不分彼我，同等爱之，故以爱己之心爱人”。这几乎就是王阳明“致良知”的“大人之学”的翻版，阳明先生认为：“大人者，以天地万物为一体者也。其视天下犹一家，中国犹一人焉。若夫间形骸而分尔我者，小人矣。……夫为大人之学者，亦惟去其私欲之蔽，以自明其明德，复其天地万物一体之本然而已耳。”稻盛和夫从西乡隆盛那里接过“敬天爱人”的精神旗帜，远绍王阳明的“致良知”，创办京瓷、第二电电两家世界级企业并在晚年创造了拯救“日航”的经营奇迹。2003年，稻盛和夫接受中国中央电视台的记者采访，在谈到受中国古代圣贤影响时说：“核心的一条就是‘致良知’，就是达至良知，按良知办事，‘良知’在日本叫‘良心’，用我的话讲叫‘真我’，真正的我就是良知。遵循良知判断事物，我认为这是绝对性的东西。到达良知的境界，将良知付诸实行，就是至今我所有事业成功的最大的原因。”稻盛和夫在起意创办第二电电之时，每晚就寝前追问自己是否真的“动机向善，了无私心”，如此半年之后“完全确信自己不带杂念”才最终决策创立第二电电。王阳明《传习录》中讲得很明白，“良知即是天植灵根，自生生不息；但着了私累，就把此根戕贼闭塞，不得发生耳”；又说“能戒慎恐惧者，是良知也”“人生大病，只是一傲字”。稻盛和夫还认为，人手中握有权力时，很容易产生“一切皆是我的功劳”这样的想法，所以稻盛和夫强调“我只是偶然创立了京瓷公司，然后当上了这家公司的社长而已”。稻盛和夫还告诫：“切莫将自己的才能私有化。上天让我们来到这个世上，就是让我们将自己的才能为世人所用，为社会所用。”在稻盛和夫看来，企业领导者“一定要认识到，在我们的内心中同时存在着良心和私心”，在这两种心态的相互斗争中，最终被私心所支配的人将会晚节不保、企业破产，人生一败涂地。不妨这样概括，稻盛和夫的企业经营决策观就是一种深受阳明学影响的以“致良知”为思想内核，以“敬天爱人”为精神徽章的力行哲学。

“抛却自家无尽藏，沿门托钵效贫儿”，这无疑是世间最令人遗憾之事。沿着阳明学说回溯，中国古代文化典籍《易经》被誉为“群经之首，大道之源”，《易经》所阐释的易道具有简易之道、变易之道和不易之道三重含义。商场瞬息万变，决策之道就是易道，具有以下三大特征。

其一，中国先贤决策智慧强调以简驭繁，不搞烦琐哲学，是为简易之道。所谓烦琐哲学，是西欧中世纪占统治地位的基督教经院哲学的方法论延伸，往往争论一些在今人看来十分荒唐的问题，如“天堂里的玫瑰花有没有刺”“上帝能否制造出自己举不起来的石头”“一根针尖上能站多少个天使”，其特点是注重纯粹形式主义的抽象推理方法，得出一些烦琐空洞的结论。后来人们把脱离现实、无意义的钻牛角尖、咬文嚼字、死啃书本的病态思想方法称为烦琐哲学。儒家亚圣孟子早就说过，“尽信《书》，则不如无《书》”。韩非子也主张科学决策要“举实事，去无用”，他还举例，巫师为人祝福，“使若千秋万岁”这类声音塞满耳朵，却不能增人一日之寿；花言巧语的说客对君王鼓吹“听吾言，则可以霸王”，高明的君主是不会被迷惑的。韩非子是法家学派的大理论家，商鞅则是早于韩非子的大实践家。商鞅为实现富国强兵的变法目标，践行了《管子》中提出的“利出一孔者其国无敌，利出二孔者其国半利，利出十孔者其国不守”，这对今天的公司治理仍有启迪价值。不能最大限度地杜绝内部损耗以有效降低管理成本，做到“利出一孔”，何来公司上下凝聚、勠力同心的“力出一孔”？

其二，中国先贤决策智慧呈现鲜明的非固化和反僵化特色，强调与时俱化，是为变易之道。有一个经典案例，韩非子和其师荀子一样持“性恶论”观点，但是荀子的落脚点是要通过“人为”改造“恶”，最终变恶为善，但在韩非子看来，“正因为人性是人性的原样，法家的治道才有效”（冯友兰语）。法家决策智慧体现在充分感知时代风云的晴雨表，并以彻底现实主义的态度来应对这些变化。韩非子用著名的守株待兔寓言，试图说明拒斥时代变迁的泥古决策者的愚蠢，鲜明主张“圣人不期修古，不法常可”，商鞅也讲过“世事变而行道异也”。

其三，中国先贤决策智慧不是一时的权变之术，而是“吾道一以贯之”，是为不易之道。这就是《易经》中“一阴一阳之谓道”的应用。有变必有常，变如果是阳（自强不息），常就是阴（厚德载物），阳中有阴，变中必有不变。与此同时，阴中有阳，不变中有变，这是太极图明确揭示了的。万事万物皆太极，太极中不是一部分变、另一部分不变，而是变与不变同步共存。《道德经》开宗明义讲“道可道，非常道”，“常道”不可言说，超越逻辑，代表绝对圆满的理想状态，月圆的刹那就是月缺的起始，转瞬即变，不可把握。纵然一代英主唐太宗也只能感慨于“取法乎上，仅得其中”的决策宿命。今天的企业管理者应当明白，绝对理想完美的决策是不存在的，决策者必须保持谦卑心态，不能须臾有所改变。易经六十四卦，唯有谦卦六爻皆吉，这不是偶然的，古人认为其中包含了“天道亏盈益谦，地道变盈流谦，鬼神害盈福谦，人道恶盈好谦”的至理。

中国古代先贤的管理智慧既有东亚区域价值，亦有全球价值；它是特定时空背景下的产物，又在诸多方面与市场经济条件下的现代企业经营规律同旨。中国古代先贤决策之道在决策目标、决策原则、决策主体条件、决策力实现路径、决策实施与决策评价等方面都具有值得深入探讨、圆融阐释的现代意义和现代价值。

梁刚

二〇二四年七月

目　录

/

第一章

决策目标

管理的核心是决策，决策的关键之一是目标的确定。那么，决策目标究竟应该如何确定呢？在理想与现实、短期与长期、自我与他者、静态与动态之间，且看中国古代先贤的历史抉择与当代启示。“立足现实”和“争取主动”是两大突出的决策认识论特征。

第一节　务实的理想主义

企业决策目标的设定必须科学合理，如果用力过猛，速度过快，会造成既有艰难建立的管理结构的撕裂，影响组织的长远发展。无怪乎孔子曰："无欲速，无见小利。欲速则不达，见小利则大事不成。"（《论语·子路》）"欲速则不达"即出于此。《道德经》同样包含了深邃的经营决策智慧。通常人们视"勇敢"为美德，但老子认为对于决策者而言，"勇于敢则杀，勇于不敢则活"。可见，决策者的勇敢绝不体现于匹夫之勇，一味蛮干，尤其是对高速发展的大企业来说，如果没有必要的制衡和刹车，这是极为危险的。

在决策目标的设定上，现实主义和理想主义历来有其对立性，而中国先贤裁断决策智慧则体现在相反相成上，即务实的理想主义。郭沫若《十批判书》对荀子的评价十分中肯："荀子是先秦诸子中最后一位大师，他不仅集了儒家的大成，而且可以说是集了百家的大成的。……公正地说来，他实在可以称为杂家的祖宗，他是把百家的学说差不多都融会贯通了。"

一方面，荀子的决策理念颇具理想主义色彩，振聋发聩的"从道不从君"正出自《荀子·臣道》。荀子上承孔孟，反对各司其职的主管官员对君主盲目、绝对服从，而主张行为要以道为依据，以是否利国为准绳，认为能做到对君王"谏、争、辅、拂"的大臣，方为社稷之臣。

另一方面，荀子又远比道德理想主义的孟子更"接地气"。孟子相信“人皆可以为尧舜”，而荀子认为“涂之人可以为禹，则然；涂之人能为禹，未必然也”“虽尧舜不能去民之欲利”。基于不同的人性判断，孟子政治决策强调一个“德”字，意图建立具有某种道德乌托邦色彩的“王道乐土”；荀子则强调一个“礼”字，提出“人无礼不生，事无礼不成，国无礼不宁”，进而提出“治之经，礼与刑”。历史事实是，韩非子和李斯都是荀子的嫡传弟子，直接影响了秦制的建立；汉代大儒董仲舒继承的也是荀子的礼制思路，决定了被独尊的“儒术”的思想底色。这也就意味着，荀子尽管未能得享文庙，但实际上极大影响了中国古代决策思想传统的奠立。

荀子主张“隆礼重法”，被称为“古今完人”的诸葛亮儒法兼取，其在决策理念及目标上的“务实理想主义”价值取向是对荀子治国治军思想的直接传承。

《荀子·议兵》中指出：“彼兵者，所以禁暴除害也，非争夺也。”诸葛亮在《前出师表》中也提出：“今南方已定，兵甲已足，当奖率三军，北定中原，庶竭驽钝，攘除奸凶，兴复汉室，还于旧都。”荀子与诸葛亮都志在一统天下，因为只有天下统一才能消除战乱纷争，进而造福天下苍生。凡阻碍天下统一、祸害天下苍生者即“暴”，即“害”，即“奸凶”。荀子作为儒家代表人物固然也讲“王道”，讲“隆礼贵义”“好士爱民”，他同时也谨记“赏重刑威”“攻完便利”的不可或缺。荀卿在赵孝成王面前放言高论治军之道，既对“仁者之兵”推崇备至，认为“以桀诈尧，譬之若以卵投石，以指挠沸（用手指头去搅开水）”，又特别强调“隆礼、效功，上也（上策之谓也）”。

荀子这种把崇尚礼义和重视事功实效摆在同等重要的战略位置上的决策思路深刻影响了诸葛亮。诸葛亮“三分割据纡筹策，万古云霄一羽毛”，融战略规划的高瞻远瞩与切实可行于一炉，堪称后世典范。《三国志·诸葛亮传》中记载孔明先生早年生涯的话很值得玩味，原文是：“亮躬耕陇亩，好为《梁父吟》。身长八尺，每自比管仲、乐毅，时人莫之许也。”诸葛亮少有大志，不甘平庸，一边种地一边吟诗，他喜欢把自己比作管仲、乐毅那样历史上公认的大政治家、大军事家，当时的人大都不以为然。但就是这样一个 26 岁的青年，“狂人”诸葛亮在《隆中对》中又表现得极为成熟和务实，他指出：“今操已拥百万之众，挟天子而令诸侯，此诚不可与争锋。孙权据有江东，已历三世，国险而民附，贤能为之用，此可以为援而不可图也。荆州北据汉、沔，利尽南海，东连吴会，西通巴、蜀，此用武之国，……益州险塞，沃野千里，天府之土，高祖因之以成帝业。”诸葛亮分析了曹操和孙权的实力，认为刘备既没有能力打北方曹操的主意，“诚不可与争锋”；也不能打东边孙权的主意，对其只能联合，而不能图谋。这样就顺理成章地把刘备的战略眼光引向了南边的荆州和西边的益州，赤壁之战后蜀汉的快速崛起充分印证了诸葛亮的远见卓识。

韩非子和李斯片面发展并强化了荀子的“重法”思想，李斯后来做秦帝国的丞相，不免使得秦始皇的决策行为呈现没有政治理想只有现实功利，不讲法制伦理只讲法制效率的冰冷特征。大秦帝国初立，各项工作都亟须开展，可谓千头万绪，这个大帝国的建国目的究竟是什么，是首当其冲且必须明确回答的重大政治问题。始皇帝的决策视野中，饱经“战国七雄”对峙、战乱之苦的黎民百姓是否需要休养生息并不重要，他更关心自己的名分问题。《资治通鉴》记载，秦始皇的“一号文件”内容如下：“王初并天下，自以为德兼三皇，功过五帝，乃更号曰‘皇帝’，命为‘制’，令为‘诏’，自称曰‘朕’。追尊庄襄王为太上皇。制曰：‘死而以行为谥，则是子议父，臣议君也，甚无谓。自今以来，除谥法。朕为始皇帝，后世以计数，二世、三世至于万世，传之无穷。’”因此，皇帝这个名号的发明权在秦始皇本人，而具有巨大历史讽刺意味的是，秦朝二世而亡，是中国古代最短命的统一王朝。秦朝短命，其中很重要的原因之一就是整个社会管制机器过于严酷，没有丝毫的人性人情润滑剂，秦法过于严苛，“繁于秋荼，而网密于凝脂”（桓宽《盐铁论·刑德》）。秦以法家强国，缔造了中国历史上第一个大一统王朝，可谓成也法家；又因秦始皇在决策上乐以“刑杀为威”，导致民怨沸腾，终于酿成陈胜吴广起义，渔阳一呼，应者云集，可谓败也法家。即便以秦始皇这样的雄才大略，一旦严重偏离了务实理想主义决策目标及轨道，看不到追求超越世俗权力的伟大政治理想的重要性和必要性，就必然要受到历史的公正审判与严厉惩罚。

与秦始皇恰成对立两极的是王莽。嬴政是法家的忠实信徒，他读韩非子的著作，由衷发出“寡人得见此人，与之游，死不恨矣”的慨叹，称帝后又“废先王之道，焚百家之言，以愚黔首；隳名城，杀豪杰，收天下之兵，聚之咸阳”。王莽则是一个处处以周公为榜样的“儒者”，他的“托古改制”基于儒家的经典《周礼》。根据儒家学说，上古时代之所以人人富足，是因为土地均等。因此，王莽规定，人均土地一百亩，多占土地的人家要立刻无条件交出田产，分给贫民耕种，并且不允许土地买卖抵押。从中国古代土地制度演进来看，历史已经经历了从土地国有制（井田制）到土地私有制（“废井田，开阡陌”）的变迁，王莽却企图以一己之理想情怀，恢复周代土地国有制，实行“王田制”。王莽土地改革的目标指向可谓超前，从具体内容条目来看，是试图彻底解决土地兼并和贫富分化的痼弊。不过，“理想越丰满，现实就越骨感”，王莽不切实际的“平均地权”政策推行起来遭遇了巨大阻力。土地私有制已经实行了六七百年，现在突然要将豪强地主的私有土地收归国有，政策“急转弯”太快，导致局面失控。王莽称帝后的改革决策“动欲慕古，不度时宜”，他创立的新朝仅维系了 15 年便宣告倾覆。秦朝也仅维系了 15 年——历史就是这样惊人相似。决策目标与理念上的理想主义与现实主义各执一端，最终都惨败收场。

务实的理想主义，同样是杰出企业的不二选择，这在 80 后新锐企业家张一鸣那里体现为“拥抱不确定性，大力出奇迹”。2012 年 3 月，字节跳动在北京知春路一间民宅中创立。张一鸣及其创业团队在取“字节跳动”这个名字的时候，已经想好了 ByteDance 这个英文名，尽管那时所有公司员工中也没几个人有过出国经历。创业初期，民宅固然为张一鸣节省了一笔不小的办公场所租赁费用，但也着实“吓”退了很多面试者，特别是那些刚刚毕业、踌躇满志的名校青年才俊，他们往往会对这样的办公环境皱皱眉头，然后转身离开。张一鸣却认为空间有限而梦想无限。

张一鸣谈“务实的浪漫”

“头条号”现在已经有很大的影响力了，从图文、视频问答，到直播支持扶贫，成为移动互联网上非常重要的内容生态。2014年，我们决定做“头条号”平台的时候，进展是非常缓慢的。产品非常简陋，邀请作者非常困难。当时“头条号”产品和运营在本职工作以外，每周都需要邀请作者入驻，在微博私信和微信公众号后台给创作者留言，从“智能推荐是什么”“今日头条是什么”开始解释，经常找几百个人才有几个愿意入驻。内部也产生很多质疑，怀疑我们能不能做起来。但我们还是觉得这对构建平台的内容生态非常重要。在这种情况下，公司发动全体员工邀请创作者入驻，很多同事就从邀请自己身边的自媒体朋友开始，所有同事都兼任“头条号”作者的客服，答疑解惑，在内部沟通解决各类问题。回头看，开始的时候我们的很多方法并不好，但是很努力、很专注，大力出奇迹。

短视频业务也经历过一些曲折。……2016年年底，我们又重新讨论，觉得还是不能放弃，这会是一件给世界带来很多改变的事情，我们还是要大力尝试，不仅要做，还要做两款；不仅在国内做，还要在海外做；不仅要在海外做，还要做好并购。后来我们真的收购了 Flipagram。2017 年春节，我突然告诉团队我们要去洛杉矶做整合工作，团队成员个个面露难色，因为以前出国都很少，一致表示心虚。去年，我还硬着头皮在 LA 做了一次 CEO 面对面。后来，看到有当地媒体说，我用 halting English——“蹩脚”的英语——做了一次演讲。

讲这两个故事，是想跟大家说，做很多事情，初始都是很困难的，要调动资源全力以赴尝试很多次，才可能取得进展。现在，我们也有一些产品还不够好，我们欢迎积极吐槽提建议，但不要轻易放弃希望。我觉得，动不动就说“凉凉”是很势利的。什么是势利？势利就是只对表面现状的附和，不能超越现在，去想象还未发生的事情。我们要吸收真正有价值的吐槽，在重要的事情、正确的方向上要有旺盛的热情、大胆的想象力、坚韧不拔的意志，踏实去尝试，大力出奇迹。

外界对我们有很多描述，说字节跳动是个过于理性的公司，张一鸣是一个过于理性的人，什么 AB 测试公司、App 工厂之类的，我非常不认同……我们是务实的浪漫。什么是务实浪漫？就是把想象变成现实，face reality and change it（面对现实并且改变它）。精致的文艺不是浪漫，粗糙的宏大是浪漫，新事物都是粗糙的。晒情怀故意感动别人不是浪漫，独立思考穿越喧嚣是浪漫。有生命力是浪漫，面向未来是浪漫，拥抱不确定性是浪漫，保持可能性是浪漫。什么是务实？大家往往会把做容易的事当作务实，其实不是，做正确的事才是务实，短期投机不是务实。大力出奇迹是务实，刨根问底是务实，抓住本质是务实，尊重用户是务实，认识世界的多样性是务实。……还有什么是务实浪漫：有同理心是务实，有想象力是浪漫。

有人说，你们公司是不是只会 AB 测试（一种网页优化方法）。我发过一个微头条：同理心是地基，想象力是天空，中间是逻辑和工具。AB 测试只是一个工具而已，是测不出用户需求的，同理心才是重要的基础。如果没有同理心，做出的产品肯定没有灵魂，不能满足用户需求。但是光有同理心还不够，这样只能做出有用的产品。想要做出彩的产品，想象力非常重要。在头条还非常简陋，信息非常少的时候，我们就想象着头条的 feed（内容供给）连着一根智能的天线，天线连着无边的信息海洋，每一刷，就会从海洋取回此时此刻此地你最感兴趣的信息。所以我们努力涵盖各种各样有用的信息，从新闻到图片，从三农到学术……我们跟踪一个个 bug（缺陷），做用户访谈，做 AB 测试是务实，但我们也有想象力，也浪漫。信息创造价值是我们的务实，记录美好生活是我们的浪漫。

电影《爱丽丝梦游仙境》中，爱丽丝说，在早餐之前先想六件不可能发生的事情。我把这句话改了改：把“不可能发生的事情”改成“理论上可能发生，但事实上还未发生的事情”，浪漫就是如此。就像爱丽丝说的，每天都想一想有什么事情可以发生，但不想不做就不会发生的事情，无论小事情还是大事情，无论工作中还是生活中。作为一个公司也应该保持想一想，我们能不能做出超越现在业界水平，超越目前产品，更创新、更有价值的事情。希望我们永远是一个有想象力的公司。有一天我在抖音上刷到一个视频，一个小男孩在欢快地奔跑。我当时有种感觉，其实全力奔跑就是我们的浪漫，running together（一起奔跑）。

（节选自张一鸣在2019年3月字节跳动七周年年会上的演讲）

第二节 致人而不致于人

关于作战决策目标，孙子有个千古名句——“善战者，致人而不致于人”（《孙子兵法·虚实》），认为善于指挥作战的人，能调动敌人而不被敌人调动。这是关于在战争中争取主动权的古老、经典的表述。自此之后，许多兵书都十分重视这一命题。《尉缭子·战威》有云：“善用兵者，能夺人而不夺于人。”《李卫公问对》中，唐太宗以为古代兵法千章万句，最重要的莫过于此。现代日本学者冈田武彦在《〈孙子兵法〉新解》一书中提到日本实业界阅读《孙子兵法》的热潮，认为若能很好地理解《孙子兵法》的思想，有助于“把握商业法则的精髓”。美国学者吉姆·柯林斯历时5年研究美国最卓越的企业后发现，这些卓越企业不同于优秀企业的一大特征是它们“从来不使用被动式表达”，并且“从来不从反击其他公司的角度”提出竞争战略。这和吉姆·柯林斯在《基业长青》中总结的“高瞻远瞩公司最注重战胜自己”，反而不把“击败对手当作最终目标”，是完全一致的。“致人而不致于人”决策目标实现的关键正在于以我为主，在奇正虚实之间通权达变，获取自由权和主动地位。

“致人而不致于人”里面的“致”非常关键，就是指在决策目标上自由自在地操纵敌人。但敌人或对手又不是木偶，凭什么任你操纵呢？这就涉及战场上及一切竞争场域中的奇正虚实辩证关系的巧妙处理了。秦末天下大乱，刘邦和项羽都想先入函谷关进而先入咸阳，秦朝主力部队也确为项羽军队消灭，但最终结果是实力较弱的刘邦先入咸阳，这和“谋圣”张良的奇策有关。刘邦本想打一场硬仗，“欲以兵二万人击秦峣下军”，但张良劝阻。张良提醒并建议刘邦：“秦兵尚强，未可轻。臣闻其将屠者子，贾竖易动以利。愿沛公且留壁（停止行军安营扎寨），……益为张旗帜诸山上，为疑兵，令郦食其持重宝啖秦将。”（《史记·留侯世家》）张良为刘邦献计：一方面，先派能说会道的郦食其去见秦军守将，许以重利；另一方面，在山上多立旗帜，虚张声势。刘邦依计而行，屠夫儿子出身的秦军守将果然爽快地答应叛秦。刘邦大喜过望，马上欲定关下之盟，但再次被张良阻止，张良主张“不如因其懈击之”。据张良研判，这种情况只是秦将一人欲降，士卒尚不知情，贸然联兵西进是极其危险的，因为秦军战斗力未受任何损伤，其士卒一旦得知被主将出卖，后果可能很严重。张良认为倒不如趁秦军懈怠之际，一举破关。刘邦言听计从，秦军溃败。刘邦一路追击，与秦军再战于蓝田，大获全胜，顺利地先入咸阳。在此战例中，幕后交易是虚，生死拼杀是实，完美诠释了《孙子兵法·虚实》中的“能使敌人自至者，利之也”（能使敌人自己来上钩的，是以小利引诱的结果），“出其所不趋，趋其所不意”，打敌人一个措手不及，玩弄敌手于股掌之间，焉能不胜？

值得玩味的还有入关后萧何的见解和表现。“诸将皆争走金帛财物之府分之，何独先入收秦丞相御史律令图书藏之。”众位功臣将领纷纷争抢财物，唯独萧何趁乱悄悄地将秦朝丞相府、御史府等部门的图书律令等资料收集起来，完好地保存了秦朝的典章制度、法令以及天下关隘地形图、全国各地户口档案等资料。萧何通过秦朝图籍，对天下大势、地形险要、人口分布、税收多寡了然于胸，在楚汉战争中为刘邦集团提供了重要的信息，这些资料在后来的西汉建政和国家治理的过程中也发挥了极其重要的作用。由此可见萧何具有长远的政治决策眼光，充分认识到实力博弈中善下“先手棋”的重要性。

当刘邦在萧何佐助下迅速全面地掌握秦帝国政权“操作系统”的

“核心数据库”时，项羽却穷兵黩武，以致尽失人心。《史记·项羽本纪》记载：“项羽引兵西屠咸阳，杀秦降王子婴，烧秦宫室，火三月不灭，收其货宝妇女而东。人或说项王曰：‘关中阻山河四塞，地肥饶，可都以霸。’项王见秦宫室皆以烧残破，又心怀思欲东归，曰：‘富贵不归故乡，如衣绣夜行，谁知之者！’说者曰：‘人言楚人沐猴而冠耳，果然。’项王闻之，烹说者。”这时的项羽耀武扬威，达到一生中军事实力的顶峰，但在竞争战略自主性上实则处于下风。这一点被韩信看得一清二楚，他在登坛拜将后提出著名的《汉中对》，向刘邦大胆建言“今大王举而东，三秦可传檄而定也”，极具战略预见性。随后不久，韩信便联手张良策划了“明修栈道，暗度陈仓”的经典战役。在常人眼中，项羽自立为西楚霸王，坐拥九郡，麾下四十万劲旅战力强悍、所向披靡，而刘邦被逼入汉中，仅有三郡之地以及十万远非精锐的部队，哪能有和项王争夺天下的本钱？韩信则认为只要避实击虚，就一定能赢得战略主动。项羽一手好牌打个稀烂，昏招迭出：首先，贸然放弃关中这片大好根据地，“不居关中而都彭城”；其次，背信弃义，过河拆桥，“迁逐义帝至江南”，分封天下时任人唯亲，所谓“以亲爱王”；最后，残忍暴虐，“项王所过无不残灭者，天下多怨，百姓不亲附”。反观汉王刘邦，“大王之入武关，秋毫无所害，除秦苛法，与秦民约法三章耳，秦民无不欲得大王王秦者”。通过以上缜密分析，韩信得出结论：项王表面上气势汹汹，不可一世，实际上“其强易弱”（项羽势力的优势已转变为劣势），其实易虚，似主动而实被动。

事实证明，韩信对形势与战机的预测、判断极其精准，刘邦依其计率军由陈仓、祁山、子午道三路出击，很快便平定三秦大地，扫除了出关争霸的最大障碍。综观“汉初三杰”萧何、韩信、张良给刘邦所做的战略战术策划，正符合《孙子兵法·虚实》所言“夫兵行象水，水之形，避高而趋下；兵之形，避实而击虚”，始终牢牢把握了战略主动权。

当今阿里巴巴集团旗下的“淘宝”占据C2C（个人对个人）网购市场的极大份额，其在2003年到2006年经历过一场与海外巨头ebay的大战。阿里巴巴集团本是从B2B（企业对企业）模式开始发展的，成功打造“中国供应商”“诚信通”两款盈利产品，战略嗅觉使阿里巴巴集团并未止步于此，通过迅速布局，2003年5月10日正式上线淘宝网。其竞争对象直指ebay。

淘宝VS ebay：蚂蚁VS大象

C2C模式的淘宝网诞生于2003年。此时的ebay已然是一头绝对的“大象”。它通过收购易趣进入中国市场，占据了当时中国2/3的网购市场交易份额。ebay自然没把淘宝放在眼里。

蚂蚁如何才能与之一战？

一是免费战略。从上线的第一天起，淘宝就宣布“三年免费”，商家在淘宝开设店铺、销售产品，都无须向平台支付费用。而ebay易趣则按照其在国际上的惯例，向商家收取一定额度的服务费。这也许是互联网行业，中国企业与国际商业巨头的第一次正面较量。ebay 高层多次表示，免费不是一种商业模式，难以为继。淘宝网对当时流行的交易服务费、登录费、推荐位费等采取全部免费的策略，相当于给当时的 C2C 交易带来了新的游戏规则。截至 2003 年年底，淘宝共吸收了大约 30 万注册会员，其中包括相当一部分原易趣会员。到 2005 年，淘宝已经占据了中国本土 C2C 电子商务 57.1% 的份额，并宣布了未来三年的免费方案。ebay 关于免费不是商业模式的判断显然有误。

二是“蚂蚁雄兵”广告战略。ebay 凭借雄厚财力，以高出市场价一倍的价格与当时中国三大门户网站新浪、搜狐、网易签订了广告排他协议，甚至给搜索引擎百度、谷歌设计好了广告语——“要淘宝，到易趣”，意在让阿里淘宝无路可走。淘宝网转而寻求与中小网站以及各种论坛加强合作，让论坛有影响力、传播力的意见领袖为淘宝摇旗呐喊。结果基于“长尾效应”加总起来的流量反而强于 ebay 的优势资源。

三是大力构建“信任文化”战略。当时很多人戏称网络购物为“隔山买牛”，尤其是在 C2C 这种没有品牌信誉作为背书的背景下，买卖双方都提心吊胆。对于如何保障素不相识的双方顺利交易，ebay 的关注度是远远不够的。淘宝则从一开始就推出了在线聊天工具“旺旺”，给予买卖双方即时沟通的便利。

店家客服自称“小二”，称呼买家为“亲”，迅速拉近了陌生人之间的距离，还能及时回应并解决消费者的各种问题。更为重要的是，淘宝推出了“支付宝”。买家将货款打入淘宝提供的第三方账户，确认收到货物之后货款才支付给卖家。这样一种担保机制的设计，完美解决了买卖双方谁先付款谁先发货这个在线交易的最大难题。买卖双方当然都对此双手赞成，由此淘宝的会员注册数和成交率便节节攀升。

总结早期使用易趣网友的留言不难发现，易趣被抛弃的原因大致有三个：第一是收费模式；第二是付款无保障；第三是回复不处理。究其商业失败的深层次原因，正在于企业应该首先为客户设计运营产品，而不是唯投资者利益是图。谁在企业发展战略上牢牢扭住“客户第一”这个牛鼻子，谁就能在商战中居于制高点，致人而不致于人。淘宝的成功充分印证了这一颠扑不破的决策目标规律。

第二章

决策原则

决策原则指在决策活动中必须遵守的基本准则。孟子曰：“先立乎其大者，则其小者弗能夺也。”万事得其道则成，决策也不例外。大体而言，中国古代先贤奉行变动条件下以长期主义为导向的简化管理决策观。简单，而不是复杂，是中国古典决策智慧的首要特征。

第一节　以简驭繁

原则即根本性真理。《易经》六十四卦以乾坤两卦开宗，由此启动一切错综复杂的变化旅程，但万变不离其宗。乾为刚，坤为柔，“刚柔相推，而生变化”；乾为阳，坤为阴，“一阴一阳之谓道”。后世的儒家对《易经》之“道”做了不同方向的发挥。程颐、朱熹抓住《易传・系辞上》中“形而上者谓之道，形而下者谓之器”的命题，突出了道之理，即“理”的永恒性和独立性；陆九渊、王阳明则赞同程颢的观点，充分阐释并发挥了《易传・系辞下》中的“天地之大德曰生”的命题，认为这里的“生”不但有“产生”的意思，更有“生命”或“赋予生命”的意思。于是陆九渊的顿悟名言为“宇宙便是吾心，吾心即是宇宙”；王阳明主张心即理，“天下又有心外之事，心外之理乎”。也就是说，假如没有心，也就无所谓理。心是宇宙的立法者，也是一切理的立法者。王阳明是中国古代公认的“心学”集大成者。需要特别提出的是，王阳明不仅是一位杰出的哲学家，而且是具有崇高道德操守和卓越决策能力的政治家、军事家。《明史》中，王阳明被评价为“终明之世，文臣用兵制胜，未有如守仁者也”，便是以“三大征伐”（征南赣、征宁王、征思田）军功作为支撑的。每次征伐都是险象环生的艰巨恶战，却也都成为王阳明化难为易、化繁为简的“攻心战”的成功范例。

以首征南赣汀漳为例，王阳明对先后六任巡抚大人都徒唤奈何的悍匪集团果断出手，仅用一年多时间就实现了犁庭扫穴、靖安一方。当时所面临的“南中盗贼蜂起”的状况相当棘手，“谢志珊据横水、左溪、桶冈，池仲容据浰头，皆称王，……而福建大帽山贼詹师富等又起”。有人提议先打最近的谢志珊，因为离得近，打起来补给方便；有人主张先打相对来说最弱的土匪头子卢珂，因为他不堪一击，首战获胜可以凝聚人心，提升士气；还有人说先打最强的池仲容，因为如此可以杀鸡吓猴，必会有很多人来投诚。王阳明却力排众议，精准拿捏对手心理，选择了离得最远的詹师富作为攻击对象。史载：“守仁亲率锐卒屯上杭。佯退师，出不意捣之，连破四十余寨，俘斩七千有奇，指挥王铠等擒师富。”这次战役成为扭转整个战局的关键一役。随后王阳明又招安了最弱的卢珂，打掉了最近的谢志珊，最后才拿下最难啃的池仲容。

悍匪池仲容以浰头为根据地，僭称“金龙霸王”，伪设官职，“册封”了池仲安、池仲宁、高飞甲等几个元帅，元帅下面又有四十名都督、总兵，把守着粤赣边境数十寨，杀害官军，焚烧村寨，百姓居无宁日。池仲容因此被官方头疼地称为“积年老贼”“三省逋逃之主，群贼桀骜之魁”。王阳明为了削弱池仲容，决定从他的盟友入手，遣人去劝降他的党羽黄金巢等人。王阳明的《告谕浰头巢贼》有情有理，直击人心，后人誉之为“古今第一劝降书”不无道理。儒家心学一脉，从孟子到王阳明，都以“人同此心，心同此理”为根基。王阳明此文从人人都有的羞恶之心切入，文中道：“夫人情之所共耻者，莫过于身被为盗贼之名；人心之所共愤者，莫甚于身遭劫掠之苦。今使有人骂尔等为盗，尔必怫然而怒。尔等岂可心恶其名而身蹈其实？又使有人焚尔室庐，劫尔财货，掠尔妻女，尔必怀恨切骨，宁死必报。尔等以是加人，人其有不怨者乎？”王阳明使加害者与受害者互换位置，推己及人，将心比心，给“巢贼”讲为人之道，并指出“官府所迫，大户所侵”的客观社会矛盾，表明“此等苦情，亦甚可悯”的情感态度。王阳明从心出发，循循善诱：“闻尔等辛苦为贼，所得苦亦不多，其间尚有衣食不充者。何不以尔为贼之勤苦精力，而用之于耕农，运之于商贾，可以坐致饶富而安享逸乐，放心纵意，游观城市之中，优游田野之内。岂如今日，担惊受怕，出则畏官避仇，入则防诛惧剿，潜形遁迹，忧苦终身。”王阳明继而以官方权威背书道：“若能听吾言改行从善，……更不追咎尔等既往之罪。如叶芳、梅南春、王受、谢钺辈，吾今只与良民一概看待，尔等岂不闻知。”弃恶从善，恢复良知者即良民，这已有许多成例。当然，王阳明也没有忘记恩威并施：“尔等若习性已成，难更改动，亦由尔等任意为之。吾南调两广之狼达，西调湖、湘之士兵，亲率大军围尔巢穴，一年不尽至于两年，两年不尽至于三年。尔之财力有限，吾之兵粮无穷，纵尔等皆为有翼之虎，谅亦不能逃于天地之外。”王阳明的这种“攻心”策略成功地使五百匪徒投降，包括龙川匪首卢珂及浰头的黄金巢等人。卢珂被招安后，在王阳明的感召下良知显现，在剿平池仲容等匪患时冲锋陷阵，立下了大功。

正是在赣南雷霆剿匪行动期间，王阳明在给门人的信中写下流传后世的名言警句，“破山中贼易，破心中贼难”。王阳明以政治家的眼光精心谋划如何杜绝变乱之源，以收长治久安之效。他力主兴办社学，亲笔写下《训蒙大意》，强调：“古之教者，教以人伦。……大抵童子之情，乐嬉游而惮拘检。如草木之始萌芽，舒畅之则条达，摧挠之则衰痿。今教童子，必使其趋向鼓舞，中心喜悦，则其进自不能已。譬之时雨春风，霑被卉木，莫不萌动发越，自然日长月化。”他还从唤醒良知、整顿民风、施以教化入手，制定了具有历史意义的乡村治理文献《南赣乡约》。王阳明试图让德行与规约同步发展，使道德的自律与制度的他律相辅相成。其出发点和落脚点依然是统摄万端又易知简能的一个“心”字，“圣人之学心学也”。

王阳明认为，“人胸中各有个圣人，只自信不及，都自埋倒了”“人若知这良知诀窍，随他多少邪思妄念，这里一觉，都自消融。真个是灵丹一粒，点铁成金”。王阳明一生坎坷。他从小以神童闻名，但也曾两度在会试中名落孙山，同学中颇有以不中举为耻者，王阳明却笑言：“汝以不得第为耻，吾以不得第动心为耻。”王阳明认为，要想做到“不动心”，就须回归“人心惟危，道心惟微，惟精惟一，允执厥中”的古传圣人心法，视之为“拔本塞源”之论。阳明先生在《答顾东桥书》中说：“夫‘拔本塞源’之论不明于天下，则天下之学圣人者将日繁日难，……圣人有以忧之，是以推其天地万物一体之仁以教天下，使之皆有以克其私，去其弊，以复其心体之同然。其教之大端，则尧、舜、禹之相授受，所谓‘道心惟微，人心惟危，惟精惟一，允执厥中’。”所谓道心，不过纯真赤诚；所谓人心，只是私心杂念。举例说来，同情帮助别人是道心，求取赞誉是人心；饿了吃、渴了饮是道心，追求口腹之欲是人心。前者因为精诚而开放活泼，后者因为私欲而扭曲封闭。道心因精微而无所不在、无时不起，人心因名缰利索、患得患失而走向虚伪和危机。正如王阳明在《重修山阴县学记》中所言："见孺子之入井而恻隐，率性之道也；从而内交于其父母焉，要誉于乡党焉，则人心矣。饥而食，渴而饮，率性之道也；从而极滋味之美焉，恣口腹之饕焉，则人心矣。'惟一'者，一于道心也；惟精者，虑道心之不一，而或二之以人心也。……道无不中，一于道心而不息，是谓'允执厥中'矣。"在王阳明看来，朱熹的理学循序格物，物理人心终判为二，而事实上"人人自有定盘针，万化根源总在心"。这就是说，决策者必须而且只能在心上用功，才能不为纷繁复杂、目迷五色的外相所迷惑。

80后企业家张一鸣于2012年3月创办北京字节跳动科技有限公司。在字节跳动崛起之前，中国互联网行业中最引人瞩目的是BAT（百度、阿里巴巴、腾讯），三大生态系统各自占据了一片互联网领地。或许正如张一鸣的名字，字节跳动的成功大有一鸣惊人之势。字节跳动推动短视频社交平台发展，打破了BAT三分天下的行业格局。张一鸣抓住了以简驭繁的企业管理根本大法，强调平常心对公司高层正确决策的重大作用。他认为创业公司更应该修炼内功，最大的敌人是自己而不是竞争对手。张一鸣在演讲中表示，如果用最直白的语言解释平常心就是"吃饭的时候好好吃饭，睡觉的时候好好睡觉"。这很容易使人联想到王阳明《传习录》中的一段话，“今人于吃饭时，虽无一事在前，其心常役役不宁，只缘此心忙惯了，所以收摄不住”。可见，时时安住于当下的平常心即“道”，既可体现于百姓日常，也可体现于重大决策。领导者有了平常心，方能成就非常事。

张一鸣谈平常心与公司决策

很多人喜欢说岁月静好，在我看来，世界在动态加速地变化。大家每天可以看到很多新闻，非常喧哗。所以我今天想讲讲平常心这个话题。面对动态变化的世界，我们经常会惴惴不安，担忧未来或者懊恼过去，很多精力和时间都会浪费在面对波动上。过去，业界讨论方法论比较多，大家也都很重视。但我觉得，在这么一个环境中，保持平常心，是听起来容易但重要的事情。

过去一年跟很多同事有交流，我觉得能够保持平常心的人，比较放松，内心没有扭曲，观察事物细腻，实事求是，比较有耐心。他们往往更能把事情做好。大多时候，人在没有偏执或者杂念的情况下，都能够有很好的判断，有个说法是“本自具足”。保持平常心才能做出非常之事，我们周年的主题是“Remain Grounded, Keep Aiming Higher”。我的理解这两句意思是相似的，只有心态越平稳，才能扎根越牢，才能够有魄力、有想象力去做更难企及的事情。

平常心是一个佛源词，汉语中有很多这样的词语，比如“精进”和“想入非非”。“平常心”的一个定义是：“在一切环境和一切行为中，保持无差别不偏执（unbiased）。”在现代心理学中，也有一些解释，大意是“尽力而为，顺其自然，从容淡定”。如果大家在头条上搜索，还能发现其他一些文章、概念和解释，常见的有：Let it be/Let it go（顺其自然）、common sense（常识）、intuition（直觉良知）、正心诚意。像“不离日用常行内，直到先天未画时”，说的其实就是intuition（直觉良知）。还有像互联网圈比较流行的“回归本质，实事求是”，以及接受不确定性。如果用最直白的话来说，就是“吃饭的时候好好吃饭，睡觉的时候好好睡觉”。

关于平常心，我首先想说的是：平常心对待自己。最基础的是，认识到每一个人包括自己，都是一个平常人。一些媒体在报道创业公司、人物故事的时候，希望加上戏剧性，要么经历显得很传奇，要么人物特点非常突出。我以前接受采访的时候，对方也希望我分享曲折的故事。我常常说没什么特别的。其实在我看来，大部分事情，都是有原因、有道理的，没有特别难以解释或者特别不寻常的部分。随着业务的发展，我认识越来越多的人，包括很多非常有特长、有能力的人。我自己的一个感觉是：也许在知识经验上有些差别，但是从人的角度来说，大家都还是非常接近的，是平常人、普通人。但有一点，能取得很好成就的人，他们往往保持很平常的心态。也就是说，保持平常心，接受当下的自己，把自己做好，往往就能把事情做好：平常人也可以做非常事。

当你特别在乎结果的时候，很有可能会发挥得不好。比如我们射箭时，瞄准的是靶心，但如果你想着“我要拿十环”的话，其实不容易发挥好。工作和生活中也是如此，当我们带着预期的时候，就会动作扭曲，容易搞复杂。“我应当如何如何”，如果你在乎自己或者他人的预期，那么你在思考或者决策时，多多少少会受到束缚。各种各样的标签都会带来心理负担。

比如说高管的标签，可能让人因此不好意思提出一个看似很简单的问题，也可能没法像用户一样去深入体验产品场景。如果自己定位是大公司，就会想，大公司应该怎么办年会，大公司要有宏大的战略，要开动员会。其实咱们公司强调不提倡title（头衔）也是如此。title会让人产生比较，比如副总裁要管理多少人，要有什么样的汇报形式，需要和什么级别的同行对接……，从而产生各种形式的束缚。

两年前，我在“开言英语”上，听到一本畅销书叫*The Power of Now*（《当下的力量》）。其中有一段话：所有的消极都是由心理时间的累积和对当下的否定造成的。不安、焦虑、紧张、压力、忧虑—— 一切的恐惧都因过于关注未来而引起；

愧疚、遗憾、怨恨、委屈、悲伤、苦涩——一切的不宽恕都因过分关注过去而出现。*The Power of Now* 重点讲，人们用太多时间去忧虑未来和纠结过去，很少把时间和注意力放在当下，关注当下最应该做的事，当下的感受，当下的判断。我们说过去是动态加速的一年，我相信很多人有很多不同的担心。但可能在大家担心的过程中，时间、精力，已经消耗掉了，对于更重要的当下、当前要做的事情，反而可能缺乏关注。或者可能在对损失、犯错误的懊恼中，又错过了新的机会。

去年我们在面对危机挑战的时候，我老跟大家说 stay calm, be patient（保持平静，秉持耐心），咱们整体上做到了。这确实是我们过往经历挑战最大的收获：你不能 100% 控制结果，尽可能保持平静，做正确的决策，不要急于做决定，不要 panic（惊慌失措），往往就已经能取得最好的结果了。有的公司开年会说，公司非常好，业务非常好，明年会更好。我不太想跟大家强调这个，业务总会有各种情况，会起起伏伏。也有人问我，你是怎么面对焦虑的？你们公司去年增长 100%，明年还能增长 100% 吗？我一般这么回复：我们公司明年为什么一定要增长 100%？当然，我们希望可以高速增长，但不应该让增长焦虑影响到你。现在公司业务增长确实非常快，但我们不能沉醉于过去的成果，也不能懊恼过去的错误，同时也不能有惯性的预期，我们公司一定会怎么样。睁大眼睛看清楚环境，了解用户，没有杂念地做好决策，结果是多少就是多少。有一种说法是说，如果你把自己当作客体，就能有更平常心的状态，公司也是如此。现在外部有很多对于我们公司的归纳总结，我觉得是叫“字节成功学”吧，都很有问题。我尽量不看。我们不要反过来被外部评价定义和影响，应该基于自己提更高的标准。

今年我希望，公司从某种程度，能够放缓下来，一方面避免短期业务焦虑；另一方面不带固定预期地对未来有开阔的想象，有更长远的目标。没有束缚，才能更长期保持想象力。就我自己而言，我也会减少更多日常琐碎的工作，腾出更多时间，关注公司文化、社会责任和新方向。

两年前，有一个纪录片非常火，叫 *Free Solo*（《徒手攀岩》）。我在加州的时候见到过这个主角，Alex Honnold。有很多人转发他的故事，但我印象最深的一点是：往前往后都很危险，但腿软心乱最危险。在攀岩的过程中，既不能过多回头看，不能后怕，不能纠结走错了一步；也不能向前看，还有这么长的路要挑战。Alex 有一点非常值得学习：他在那个时刻，非常专注于当下。我特别喜欢在抖音上看在大海中航行的视频。我不是说大家的工作或者生活真有惊涛骇浪般的困难，我想比喻一种心境，不论个人工作和生活中有什么挑战，有什么困难，这些都是外部的。自己能够做到的是外部波澜起伏，内心平静如常。

（节选自张一鸣在2021年3月字节跳动九周年年会上的演讲）

第二节　唯变所适

正如董仲舒讲的“易无达占”，好的决策也没有统一的标准答案。《易经·系辞下》有云：“《易》之为书……为道也屡迁，变动不居，周流六虚，上下无常，刚柔相易，不可为典要，唯变所适。”大意是，《易经》所阐释的阴阳之道屡屡变迁，保持变动而不会静止，周流于初、二、三、四、五、上六个爻位之间，或上或下无常态，或刚或柔有变易。因此，不能拘执于某种一成不变的决策模式。

《易经·杂卦》有言，“损、益，盛衰之始也”，损益的理念不仅可用于解释自然界的变化，更可用于解释人类的历史演进和政治决策选择。《论语·为政》记载孔子和弟子子张的对话，子张问：“十世可知也？”子曰：“殷因于夏礼，所损益可知也；周因于殷礼，所损益可知也；其或继周者，虽百世可知也。”孔子认为，夏商周三代之礼一脉相承，但每一代对前一代都有传承，也会有所改变、有所调整，有所增减。《论语·雍也》载，子曰：“齐一变，至于鲁；鲁一变，至于道。”孔子这里讲的“道”指的是治国安邦的最高原则和理想境地，齐国若变革可达到鲁国的水平，鲁国若变革可达到以周礼为标志的先王之道。值得深究的是，春秋时期，齐国有管仲改革兴利除弊，成就齐桓霸业，经济发展水平和综合国力显然高于鲁国，那为何孔子反而把齐国的变革目标设定为鲁呢？原来孔子的着眼点是齐国前有姜太公之遗风，后有管仲兴霸业，鲁国则秉承了周公伯禽之教，更多地保留了西周礼乐制度，由此可见孔子对周礼的无限崇尚。《易经》讲“穷则变，变则通，通则久”，先秦儒家和法家的变革方向正好相反。大体而言，儒家倾向的决策者强调“复古”“返本”，而法家倾向的决策者强调“察今”“开新”。

从历史尺度和事实维度看，商鞅（卫鞅）于公元前 361 年响应秦孝公的“求贤令”前往秦国，在得到孝公信任后决策实施变法，革故鼎新，使偏居西北角落，一度被“以夷狄视之”的秦国迅速实现富国强兵，为一百多年后秦始皇统一中国奠定了坚实基础。有趣的是，“变法专家”商鞅西入秦国求见孝公的过程并非一帆风顺，他正是依靠随机应变的才智，不断调整政治改革方案，四次游说才终于打动秦孝公，得以大展宏图，在秦国政坛纵横二十年。商鞅先说之以“帝道”。什么是“帝道”？就是儒家推崇的尧舜治国的办法，也就是《礼记·礼运》所说的“大道之行也，天下为公”，比如“禅让制”就是行“帝道”的最高政治权力交接制度。但是孝公边听边打瞌睡，对尧舜之“帝道”毫无兴趣。商鞅第二次见孝公，陈述禹汤文武的“王道”。所谓“王道”，就是儒家推崇的以仁义道德治理国家的方法，如孟子所言“以德行仁者王”。“帝道”和“王道”都讲究以德服人，但“帝道”公天下，天下传给公认的贤能之士，“王道”私天下，天下传给子孙后代。秦孝公对这一套仁义道德的说法也不感兴趣。第三次见秦孝公时，商鞅说之以“春秋五霸”之“霸道”。所谓“霸道”就是“以力假仁者霸”，假即借，明明依靠国家实力去征服天下却一定会拿“仁义”作为冠冕堂皇的借口，比如“尊王攘夷”之类。秦孝公对此有些心动了。商鞅在第四次面见秦孝公时，将自己精心谋划的强国之术向秦孝公和盘托出，“强道”和“霸道”都是以力服人，但“强道”干脆连仁义道德的幌子也彻底抛弃。这一次秦孝公被彻底说服，“君大说之耳”“语数日不厌”。

《商君书》记载了商鞅变法决策的主要思想与具体举措，通篇贯穿着“苟以强国，不法其故”的变革精神。在强调“法术势”的法家学派里，商鞅尤其重视法。在他看来：“善治者，使跖可信，而况伯夷乎？不能治者，使伯夷可疑，而况跖乎？”大意是，善于治国的人，能够使像跖这样的人都变得诚实可信，更何况像伯夷这样的人；不善于治国的人，即使像伯夷这样的高洁之士也会变得行为可疑，更何况像跖这样的人。因此，决策者治国安邦的关键在于必须认识到“法令者，民之命也，为治之本也”。商鞅敏锐地发现，“国皆有法，而无使法必行之法”，即每个诸侯国都有律法制度，但在很多诸侯国律法条文只不过是一纸空文。因此，能否确立律法的权威性，让制度长出“牙齿”，具有极端重要性。变法法令在秦国推行一年后，遭遇很大阻力，适值太子犯法，商鞅指出“法之不行，自上犯之”，铁腕惩罚了太子的师傅公子虔和公孙贾。后来公子虔又犯禁，商鞅施之以割鼻之刑。这在秦国上下起到极大的震慑作用。商鞅严厉执法，触动了秦国上层贵族集团利益，直接导致了其后来的人生悲剧。进一步分析，商鞅的政治决策和法令推行不免局限于片面的人性判断和赤裸裸的利害计算，使其最终被自己精心设计的“非人化”严酷制度反噬。商鞅完全排斥儒家的礼义教化，斥儒家仁义道德为“六虱”，用严刑峻法驱使民众从事农战以及杜绝犯罪。《商君书》中“民之欲富贵，共阖棺（合上棺材盖）而后止”“民之见战也，如恶狼之见肉”等文字记述让今人读来触目惊心。商鞅只看到时代大潮浩浩荡荡，决策者仅“法先王”并不足以应对当世之变，却没能认识到先贤荀子所说的“百王之无变，足以为道贯”这条根本变革规律，没能认识到这个虽历经无数世代而始终不灭的东西便是人性和良知。还是荀子说得好，“一废一起，应之以贯，……不知贯，不知应变”，这才是对《易经》唯变所适决策原则的全面、透彻、辩证的把握。

必须指出，把“唯变所适”狭隘理解为决策者对外部变化的适应、适合是片面的。其实，“适”还有“到那里去”以及主体“畅快”的意思，这就提示我们应注意到决策主体并非只能被动因应变化，而完全可以在特定条件下主动创造变化，书写属于自己的历史。《易经·杂卦》讲得很清楚，“革，去故也；鼎，取新也”。故是既成事实，去故就是革除旧制，另起炉灶；鼎是古代烹煮食物的器具，又是放在宗庙里祭祀用的礼器，更是国家政权的象征，这里鼎取“树立、建立”之意，鼎新是“建立新的事物或理念”之意，因此才有“革故鼎新”的说法。《易经》

中“革卦”后继之以“鼎卦”也是这个道理。《易经·彖下·革卦》有云“汤武革命，顺乎天而应乎人，革之时大矣哉”，大意是商汤和周武王分别革除了夏和商的天命，既顺从天意又大快人心，变革的时机十分恰当，意义重大。决策者在历史转折关头发挥巨大作用，即非常之人在非常之时成就非常之功。北宋《武经总要》记载，武王伐纣之师至汜水牛头山时，“风甚雷疾，鼓旗毁折”，遇到狂风雷电，军鼓震裂，军旗折断，甚至武王的车夫都“惶震而死”。这显然是出师不利的征兆，乃至“群公尽惧”。姜尚却不以为意，认为用兵之道不在天象吉凶，而在人事，“遂命驱之前进”。这时，武王的弟弟，就是后世史书中著名的周公旦烧龟甲、数蓍草算卦，得出“今时逆太岁，龟灼言凶，卜筮不吉，星变为灾”的结论，故“请还师”。姜尚怒曰“今纣刳比干，囚箕子，以飞廉为政”，纣王诛杀忠良，任用奸佞，民怨沸腾，我等替天行道，“伐之有何不可”？且“枯草朽骨，安可知乎”？说罢，姜尚“焚龟折蓍，援枹而鼓”，烧掉龟甲，折断蓍草，亲自擂响战鼓，“率众先涉河”。年轻的武王在姜尚的激励下，终于取得牧野之战的大胜，继而建立了文化意义上“最早的中国”——周。可见，一代定鼎英雄绝不是匍匐在神意、天命脚下，而是以时不我待的紧迫感，当机立断做出决策。用荀子的话说，这叫“善易者不占”。

应当看到，决策之“唯变所适”原则也必然显现于决策者自身。用《易经·象下·革卦》里的话说，叫作“大人虎变”“君子豹变”。按照学者傅佩荣的解释：“豹与虎同科，两者犹如兄弟，……大人与君子，是有位与无位之别，但是对‘变’的要求则一，都是要将内在的光明（离为明，在下卦，犹如在内心）展现出来，以变化其形貌。”结合《明儒学案》的分疏，王阳明所创立之心学凡三变：第一阶段是以默坐澄心为标志，“大率以收敛为主”；第二阶段是江右以后，专提“致良知”三字，“默不假坐，心不待澄，……知之真切笃实处即是行，行之明觉精审处即是知，无有二也”；第三阶段是居越以后，“所操益熟，所得益化，时时知是知非，时时无是无非，开口即得本心，更无假借凑泊，如赤日当空而万象毕照”。1527 年，王阳明暮年抱病赴广西，平定思恩、田州的卢苏、王受民变。上一任两广总督姚镆“进剿”无功，王阳明用良知感化卢、王率部归降，持续三年多的民变，云淡风轻地和平解决了。1529 年，王阳明病逝于归乡途中的江西南安府大庾县青龙港（今江西省大余县境内）舟中。临终之际，弟子问先生有何遗言，他说：“此心光明，亦复何言！”正所谓“大人虎变，其文炳也”。

唯变所适的决策原则恰可对应阿里巴巴创始人马云所强调的“拥抱变化”。他在公开演讲中说：“人，特别是既得利益者一定是害怕变化的，其次，很多人只是在适应变化，而阿里巴巴这个词比较过分，叫‘拥抱变化’。……一个没有拥抱变化、创造变化的人是没有危机感的，一个不愿意去创造变化和拥抱变化甚至是变化自己的人，我不相信他有创新。变化是最可能体现创新的。但是遗憾的是，在操作过程中，很多人把它理解成为变化而变化。”这一提醒至关重要。企业决策者必须区分“真创新”还是“伪创新”，追求“新瓶装旧酒”的形式上的变化绝不足取。创造变化，为了躲避预判的灾难，也是为了抓住预判中的机会，公司在发展战略方向上要主动进行调整。

阿里“奔月计划”

2007 年 9 月阿里集团在宁波召开战略研讨会。马云回忆：这是集团内部讨论最激烈的一次决策，就是我们应该把这个公司变成数据公司。

曾鸣称，这是公司历史上最重要的一次战略谋划会议，因为没有它，就不会有阿里后来的发展。公司决策层提出，对未来的预判要“看十年”。当时淘宝业务急剧扩张，下一步往哪走？建立一个电子商务生态系统的核心是什么？是客户、数据和底层的信息流、资金流、物流。会议认为要把数据贯穿所有子公司，这就是代表整个集团未来的“奔月计划”。

会议明确，务必在一年内找到一个 CTO（首席技术官），带领公司通过数据走向未来。于是有了后来王坚加入阿里集团，开启阿里云计算研发。阿里很早就意识到算力自主的重要性，不满足于通过采购国外供应商的数据库、服务器实现超大规模计算。自主研发云计算操作系统的过程，自然是历经波折。以 2012 年“双十一”为例，该年购物节前半小时产生的流量（访问量）超出了所有人的预期。消费者排队等待付款，给支付系统造成了巨大压力。2013 年，公司进行了全面系统升级，逐个排除所有可能导致宕机的隐患，并进行了多次预演。这年“双十一”的巨量顺畅线上交易彰显了新商业的真谛——技术就是未来的商业。用户体验到的只是稳定、可靠的电子商务平台，他们看不到数据的存储、计算、流动，看不到在这个平台上每一次点击、浏览、下单、支付背后，都有日益成熟的“飞天”系统支撑。阿里决策层唯变所适，提前布局，敏锐地认识到互联网需要一个类似“电网”的基础设施，智能时代必须建立在算力跃迁之上。

第三节　长期主义

中国古代先贤在决策原则上特别强调一个“久”字。《易经·系辞上》就有这样的表述，“有亲则可久，有功则可大；可久则贤人之德，可大则贤人之业”，认为只有凝聚人心，才可维持长久，这是贤人德行的标志；有了功业才可发展壮大，贤人事业的特点是既大且久。事业壮大久远即“基业长青”，突出“久”，用今人的话说就是“长期主义”观点。《道德经》同样推崇事功的“天长地久”，天无私覆，地无私载，故能长存于世。老子还特别提醒决策者“物壮则老，是谓不道，不道早已”，事物壮大了就会走向其反面——衰老，不合乎道的东西必定很快消亡。中国古代先贤的决策原则是必须着眼长时段和大周期，对物极必反的宇宙法则保持敬畏。《易经》讲“寒往则暑来，暑往则寒来”“日中则仄，月盈则食”，这种自然现象的运动叫作“复”，也即“复，其见天地之心乎”。《道德经》更是一语道破天机，“反者道之动”。

中国古代儒、道两家哲学都支持“物极必反”的思想命题。这种古代“长期主义”认知框架，有助于决策者建立理性思考模式，抵抗短期诱惑和噪声干扰，从而专注于实现长远战略目标。

基于一切事物都包含它自身的否定，决策者在顺境中要居安思危，越是顺风顺水越要戒慎恐惧；决策者在逆境中则应看到愿景、希望，越是风高浪急，越要坚信否极泰来。晚清名臣曾国藩在这两方面的表现堪称楷模，《清史稿》不吝溢美之词：“凡规画天下事，久无不验，世皆称之，至谓汉之诸葛亮、唐之裴度、明之王守仁，殆无以过，何其盛欤！……中兴以来，一人而已。”曾国藩不愧为一代杰出政治家、军事家、战略家。曾国藩组建的湘军拥有勇猛的战斗风格和坚强的战斗意志，“吃得苦，霸得蛮，舍得死”。曾国藩本是一介书生，理学信徒，对行军打仗毫无经验，但能在战争中以战争为师，从多次失败中不断探索，逐渐形成了一套看似朴拙实则行之有效的作战方式，“即就扎营一事言之，……既而高其垒，深其濠，先图自固之道，旋即用此以制敌。厥后淮勇诸军继起，亦皆以深沟高垒为自立之本，善扎营者即称劲旅”。湘军不仅有陆军，还有水师。曾国藩组建湘军之初就极重视水军，看到只有夺取制江权方能制胜。曾国藩提出“踞上游之势，建瓴而下，乃能成功”的方略以及“夺武汉，攻九江，争安庆，克天京”的战略路线，事后证明，这一战略决策极具前瞻性，湘军的长江水师舰队也发挥了其作用。

曾国藩还非常善于审时度势，全始全终。历来功臣，像他这样的进退有度者，并不多见。功名事业如日中天时，曾国藩却极度冷静，觉察到盛衰荣辱之先机。曾国藩在家信中说："千古之大名，全凭天意主张，岂尽关乎人力？……老氏所谓不敢为天下先者，即不敢居第一等大名之意。"又说："处大位大权而震享大名，自古曾有几人能善其末路者？总须设法将权位二字，推让少许，减去几成，则晚节渐渐可以收场耳。"于是曾氏以"权位太重，恐开斯世争权竞势之风，并防他日外重内轻之渐"为由，上疏请辞节制四省大权，并以创立者和精神领袖的身份毅然裁撤作为自己权力之本的湘军。更为重要的是，基于长期主义视野，曾国藩作为极具影响力的晚清重臣，在决策推动教育发展方面不遗余力。尽管清同治元年（1862 年）即设立京师同文馆，但那仅以培养外交人才为明确目标，从曾国藩创办江南制造局和福建船政局附属学堂，中国近代科学教育才真正萌芽。曾国藩还接受首个毕业于美国耶鲁大学的本土留学生容闳的建议，顶住保守派的巨大政治压力，力主分批派遣幼童赴美留学，其中就包括日后主持建造"人"字形京张铁路的詹天佑。曾氏逝后，容闳痛悼："中国不啻坏其栋梁，无论若何，无此损失巨也。时预备学校开学才数月，设天假以时，使文正更增一龄者，则第一批学生已出洋，犹得见其手植桃李，欣欣向荣。……此种缺憾，自古如斯。然创业之人，既播其种子于世，则其人虽逝，而此种子之孳生繁殖，固已绵绵不绝。”这不失为曾国藩长期主义教育决策之效果的一则绝佳注脚。

《中庸》讲“博厚所以载物也；高明所以覆物也；悠久所以成物也”，也是典型的长期主义观点。历史学家许倬云认为，曾国藩和诸葛亮都是了不起的政治家，但他们两人在培养接班人上却有高下之分。诸葛亮身后，他培养出的蒋琬、费祎、姜维等人相继承担了领导职责，然而衡量此三人，无一人是真正的栋梁之材。诸葛亮一生谨慎，这三人也正因为行事谨慎受到重视，但诸葛亮除了谦慎，还有敏锐的观察力和广阔的眼界，这些接班人于此却远逊诸葛氏。历史不容假设，但许倬云还是在《历史与领导》一书中忍不住设想，诸葛亮“倘若能以有眼界、有气魄者为接班人，再以谨慎细心者辅佐，或能避免他死后令人棘手的难局”。比较而言，曾国藩时刻不忘培养接班人，以确保事业不会因为他的离开而终止。《曾国藩家书》中有这样的话，“办大事者，以多选替手为第一义”。“替手”即接班人。用今人的话说，曾国藩是典型的“教练型”领导者。曾国藩也的确认为，“为督抚之道，即与师道无异”。他的幕府一则治事，一则育人，既是办事机构，又是有计划地培养各种人才的学校。他从军从政多年，在部下面前始终保持着两种身份：既是官长，又是师长。幕府乃文人聚集之地，故他主要以老师的身份出现，不行军营规矩，略似私塾，同幕僚之间犹如严师教弟子。曾国藩培养人才的办法主要有三条：读书、历练、言传身教。他在专为幕僚拟定的劝诫条令中规定，凡入其幕府者，必于军、政、饷、文四事之中精习一事，并结合实际学习，增长才干。他对身边秘书人员抓得尤其紧，不仅经常找人个别谈话，还在条件许可的情况下规定课程，定期考试。同时，他还利用茶余饭后之隙谈古论今，向幕僚传授自己的读书心得和实践经验。对不在身边的幕僚，则主要通过信札，结合实际事项进行引导。尤其难能可贵的是，曾国藩不怕部属与自己同职齐名，鼓励他们“自立门户”“自辟乾坤”，并为其前程想方设法铺路搭桥。左宗棠、李鸿章都出自曾国藩的幕府，胡林翼亦曾是曾国藩的部下，这三人位至封疆皆有曾国藩的奏荐之功。曾国藩幕府在历史上存续不足二十年，随着曾氏谢世，他的幕府自然解体，但是其历史作用并未随之消失。其中从事科研、翻译工作的李善兰、徐寿、华蘅芳等人为我国近代科学技术的发展奠定了初步基础；从事文学活动，在古文方面颇有成就的是张裕钊、吴汝纶、黎庶昌、薛福成“四大弟子”；从政者人数更多，影响更大，一时形成晚清政坛“名臣能吏，半出其门”的局面。曾国藩堪称长期主义决策的典范。

基于长期主义观点审视我国改革开放以来的企业发展史，不难发现有不少明星企业成了流星企业。马云在阿里巴巴创业初期就提出公司要存活 80 年，与一个人的完整生命周期大致相当。马云认为，作为阿里战略“三板斧”的使命、价值观和愿景缺一不可，构成组织决策的试金石。第一“板斧”使命感解决的是“为什么”的问题，即这个企业到底为什么而存在。阿里提出“让天下没有难做的生意”，不是把它说出来，而是要把它做出来。马云曾表示：“如果你真相信这是使命，在做重大决定的时候，先问一下是不是符合我们的使命，这就形成一种训练，你的团队的力量、集聚能力、人才的靠拢能力就强。”第二“板斧”是价值观，解决的是“相信什么”的问题，它是组织或个人在追寻使命过程中始终坚守的根本信念、信条，是对“我们是谁”“我们代表什么”的有力回答。阿里的核心价值观是，客户第一、员工第二、股东第三，构成企业决策行为的定海神针。第三“板斧”是愿景，解决的是公司将要“成为什么”的问题，就是公司要去哪里，要发展成什么样子。阿里巴巴最早的愿景是要活 80 年，马云在 2009 年阿里巴巴成立十周年之际说：“阿里巴巴要走 102 年，我们是 1999 年诞生，我们上世纪活一年，这世纪活 100 年，下个世纪活一年，刚好 102 年，横跨三个世纪。”为了实现这一远景目标，公司每一次重大决策都不得不思考这样一个问题：“我们做这个事情对十年以后有没有效果，如果对十年以后没有效果，这个事情别做。今天做明天会成功的事情，不应该拿到我们高层上来讨论。”马云质疑美国企业发展的硅谷模式，认为硅谷模式本质上是走风险投资、高速成长、早卖早受益的短期路线，而阿里集团矢志不渝追求的是 Build to Last（基业长青）。

阿里“合伙人制度”

阿里合伙人制度创立于 2009 年，因公司初创于湖畔花园，故该制度又被称为“湖畔花园合伙人制度”。其设立初衷是改变以往股东和管理团队之间的简单雇用模式和打破传统管理决策模式的等级制度。用曾任阿里巴巴集团执行副主席的蔡崇信的话说:“我们最终设定的机制，就是用合伙人取代创始人。道理非常简单，一群志同道合的合伙人，比一两个创始人更有可能把优秀的文化持久地传承、发扬。”

从2010年开始，阿里在管理团队内部试运行“合伙人制度”，每一年选拔新合伙人加入。合伙人既是公司的运营者、业务的建设者和文化的传承者，同时又是股东，因而最有可能坚持公司的使命和长期利益，为客户、员工和股东创造长期价值。阿里合伙人的必备条件明确规定为“在阿里巴巴工作五年以上，具备优秀的领导能力，高度认同公司文化，并且对公司发展有积极性贡献，愿意为公司文化和使命传承竭尽全力”。

马云在阿里十周年庆典演讲时说:“我们坚持专注，我们专注电子商务，前十年我们专注电子商务，后十年还是专注电子商务，我们前十年专注中小企业，未来十年我们还是专注中小企业，因为只有专注中小企业，专注电子商务，才能让我们长久，因为中小企业需要我们，因为中国电子商务和全球电子商务需要我们。……从昨天晚上到今天早上，我们收到了18个阿里创始人的辞职信，我们所有的18个人辞去了自己创始人的职位。因为我们知道，从9月11日开始，阿里巴巴将进入一个新的时代，进入合伙人的时代，我们18个人不希望背着自己的荣誉去奋斗，……今天我们辞去了创始人，明天早上我们将继续去应聘、求职阿里巴巴，我们希望阿里巴巴再度接受我们，跟任何一个普通的员工一样，我们的过去一切归零，未来十年我们从零开始。”

没人能陪跑阿里102年，但有效的制度可以，这就是制度的力量。

第三章
决策主体条件

决策者心性品质之真伪、格局胸襟之大小、精神气质之勇懦与其关键时刻出高招妙招还是出昏招败棋息息相关。归纳起来，决策主体的品质重在诚、敬、仁、智、勇、强这六个字。

第一节　诚：诚则明矣，明则诚矣

儒家经典《中庸》把“诚”和“明”紧密联系，“诚则明矣，明则诚矣”，只有领导者做到彻底的“诚”，才能实现明智决策。为什么中国古代先贤特别重视这一点呢？因为对身居高位者来说，要做到不自欺欺人，其实是高难度的挑战。朱熹在《中庸章句》中对“诚”有很好的解释——“诚者真实无妄之谓”。在我们今天看来，就是强调决策者必须深深地扎根于真实世界，接受真实，理解真实，处理真实，当真相与愿望不符时，不能抗拒真相。如对晚清时代同为理学名臣的曾国藩和倭仁的决策主张稍加比较，高下立判。同治帝师傅、文渊阁大学士倭仁作为理学修身派代表，对如“海鲸波山”一般而来的西学浪潮视若无睹，他以维护程朱理学道统为己任，固执地认为“孔门大路，经程朱辨明后，惟有敛心逊志，亦趋亦步去，知一字行一字，知一理行一理，是要务”。倭仁不但反对同文馆增开天文算学馆，还反对开矿，认为“开矿有害无利”。“曾国藩送学生留美，倭仁复阻之”，以为倘若“奉夷为师”，势必会“变夏于夷”。《清史稿》对其评价还算客观：“当时举朝严惮，风气赖以维持。惟未达世变，于自强要政，鄙夷不屑言。”曾国藩则是理学经世派的代表。传统儒家为学一般只分义理、考据、词章三门，曾国藩则赋予经济之学以独立地位，将儒学由“三门”发展为“四科”。他还列出经世之学的内容清单，“天下之大事宜考究者凡十四宗：曰官制、曰财用、曰盐政、曰漕务、曰钱法、曰冠礼、曰婚礼、曰丧礼、曰祭礼、曰兵制、曰兵法、曰刑律、曰地舆、曰河渠”。显然，曾国藩不像倭仁那样只关心“诚”的“内圣”修身含义，而是在西学东渐大背景下有意突出了“诚”的“外王”经世旨向。这才真正符合《中庸》里讲的“诚者，非自成己而已也，所以成物也。……性之德也，合内外之道也”。相传湘军重要首领胡林翼在安庆战役之前，前往战场观察地形，胸有成竹地笑言“此处俯视安庆，如在釜底”。行至江滨时，胡林翼见到两艘洋船鼓轮西上，迅捷异常，非寻常风帆所能及，胡林翼“变色不语，勒马回营，未至即中途呕血，几至坠马”。胡林翼之所以因两艘轮船而大恸呕血，其实是对当时的中国已经远远落后于世界的一种忧惧，所谓“膏肓之疾，医治为难”。曾国藩亦有同样感想，但他主张“大局糜烂至此，能尽一分力，必须拼命效此一分，成败利钝，付之不问”。用《中庸》的话说，曾氏这是“诚之者，择善而固执之者”。在他看来：“‘诚者物之终始，不诚无物’。今之学者言考据则持为骋辩之柄，讲经济则据为猎名之津，……谓今日而言治术，则莫如综核名实；今日而言学术，则莫若取笃实践履之士。物穷则变，救浮华者莫如质。”

曾国藩认为，用兵亦当以“诚”字为本。曾国藩招募的乡勇多为朴实的农夫，关于驭将之道，也自认“最贵推诚”。他认为：“人之生也直，与武员之交接，尤贵乎直。文员之心，多曲多歪，多不坦白，往往与武员不相水乳，必尽去歪曲私衷，事事推心置腹，使武人粗人，坦然无疑，此接物之诚也。”曾国藩稳扎稳打的军事指挥风格与其以“诚”为核心的治心要领息息相关。曾国藩以“扎硬寨，打呆仗”著称。他主张:“一日扎营宜深沟高垒。虽仅一宿，亦须为坚不可拔之计。但使能守我营垒安如泰山，纵不能进攻，亦无损于大局。”曾国藩总结自己的带兵经验说:“用兵久则骄惰自生，骄惰则未有不败者。‘勤’字所以医惰，‘慎’字所以医骄。此二字之先，须有一‘诚’字以立之本。立志要将此事知得透，办得穿，精诚所至，金石亦开，鬼神亦避，此在己之诚也。”至于战场上有地方官员故意上报不实信息，误导决策，曾国藩更是痛心疾首，认为:“军旅之事，胜败无常，总贵确实而戒虚捏。确实则准备周妥，虚饰则有误调度，此治兵之最要关键也。……广西文武欺饰捏报，冒功幸赏，以致蔓延数省。流毒至今，莫能收拾。”

第二节　敬：荀子的“五无圹”

《荀子·议兵》是儒家经典中罕有的系统讨论兵法的篇章。荀子讲为将之道，核心在一个“敬”字，军事统帅要保持敬畏心，小心谨慎，谋划周详。同样，负责任的决策者也必须每时每刻都保持戒慎恐惧、如履薄冰的心态，这样才能保障团体组织的安全。

荀子认为:“虑必先事而申之以敬，慎终如始，始终如一，夫是之谓大吉。凡百事之成也必在敬之，其败也必在慢之。故敬胜怠则吉，怠胜敬则灭。”可见，“敬”的反面是轻慢怠惰，这对决策者而言是致命的精神品格缺陷。所以荀子才会进而强调:“战如守，行如战，有功如幸。敬谋无圹，敬事无圹，敬吏无圹，敬众无圹，敬敌无圹，夫是之谓五无圹。”大意是杰出的将领，进攻时和守备时一样认真仔细，行军如同作战一样详细周密，能够取得胜利均视为侥幸取得，不把偶尔的成功当成常例。对战略战术，从不懈怠；对杂七杂八的繁杂事务，从不懈怠；重视下属，从不懈怠；重视兵士百姓，从不懈怠；对敌方认真分析，从不轻视，这些统称为“五无圹”。后世宋儒不言兵，但在理路上是相通的。程颢说：“一敬可以胜百邪。”程颐说：“懈心一生，便是自暴自弃。”朱熹以为：“尝谓‘敬’字似甚字？恰似个‘畏’字相似。”“敬非严恭俨恪之谓，以此为敬，则误矣。只把做件事，小心畏谨，便是敬。”

所谓“诸葛一生唯谨慎”，主要是强调他立身处世精细周密，能够“临大事，决大疑”。曾国藩作为一代理学名臣，以儒家治事态度治军，认为“‘临事而惧，好谋而成’，足以包括古今兵书”。在他看来，“军事有骄气惰气，皆败气也”“孔子之‘临事而惧’则绝骄之源；‘好谋而成’则绝惰之源”。如果决策者时时刻刻都在谋划，自然就没有懒惰的时候。曾国藩治军以“忧勤”著称，他主张“军中不宜有欢欣之象”“至于练勇之道必须营官昼夜从事，乃可渐几于熟，如鸡伏卵，如炉炼丹，未可须臾稍离”。曾氏的意思是军队要想有战斗力，就必须对基层士兵的训练紧抓不懈，要拿出诚敬态度，肯下母鸡孵蛋、道士炼丹般的功夫。需要说明的是，在中国古代理学文化系统中，诚和敬密切相关。程颐指出“诚然后敬”，又说“主一之谓敬”。朱熹发挥说：“主一只是心专一，不以他念乱之。”又说：“了这一事，又做一事。今人一事未了，又要做一事，心下千头万绪。”关于诚敬，朱熹认为：“诚者何？不自欺，不妄之谓也。敬者何？不怠慢，不放荡之谓也。”决策者必须始终全神贯注，做大事如此，做小事亦然，所谓“狮子搏兔亦用全力”。缺失了诚敬品格，决策者就很容易迷失，从而发生“大江大海都过去，小小阴沟把船翻”的决策事故。曾国藩治军讲究规模远大与综理密微相结合，军事计划须规模远大，营物整理则必综理密微。他在寄弟家信中说：“治军总须脚踏实地，克勤小物，乃可日起而有功。”在与友人函中说：“近年军中阅历有年，益知天下事当于大处着眼，小处着手。陆氏但称‘先立乎其大者’，若不辅以朱子‘锱铢寸累’工夫，则下梢全无把握。”曾国藩主张决策者须把修身放在首要位置，做好“精神总动员”，信奉“庄敬日强”的至理。荀子以“敬”字为核心的“五无圹”确应成为所有决策者的座右铭。

第三节　智、仁、勇：儒家“三达德”

儒家“三达德”的命题出自《礼记·中庸》，指的是“知、仁、勇”三项道德品质，并可进一步解释为“好学近乎知，力行近乎仁，知耻近乎勇”，实际上是指明了睿智、仁爱、勇毅的领导者如何炼成的具体路径。

“好学近乎知”揭示了睿智决策者必须是杂家的规律，这在王阳明和曾国藩身上都表现得极其突出。

关于王阳明，有所谓“五溺”之说：“初溺于任侠之习，再溺于骑射之习，三溺于辞章之习，四溺于神仙之习，五溺于佛氏之习。正德丙寅，始归正于圣贤之学。”溺者，沉迷也，含贬义。但综观王阳明一生立德、立功、立言的三不朽事业，任侠、骑射分明与“立功”有关；辞章分明与“立言”有关；习道、释两家与“立德”亦不无关联，《传习录》明确有“良知即是道”之说，而且讲“(佛氏)‘本来面目’即吾圣门所谓‘良知’”。作为平定宁王朱宸濠叛乱而建立不世奇功的人物，王阳明对于兵法的运用极为精妙，这绝非专攻一经的书斋型哲学家所能比肩。正德十四年（1519年），谋划已久的宁王朱宸濠悍然在南昌起兵造反。王阳明全不知情，仓促之间藏身小渔船中谋划对策，沉着应对。王阳明认为：“濠若出上策，直捣京师，出其不意，则社稷危矣。若出中策，趋南都，则大江南北亦被其害。但据江西省城，则出下策，勤王易为也。”基于这一判断，王阳明决计拖住朱宸濠，使其不能快速出江西北上。为此，王阳明甩出“烟幕弹”，散布朝廷早已掌握宁王谋反的证据，两广都御史杨旦已受密谕“率领狼达官兵四十八万，江西公干”的假情报。朱宸濠果然疑惧，遂延迟发兵。这一虚张声势的缓兵之计，对于平叛具有全局性战略意义，既为王阳明仅用四昼夜赶至吉安调集军队赢得了时间，也为南北两京布防争取了时间。朱宸濠惊觉上当后，令部将守卫老巢南昌，自己率主力六万多人进攻安庆。王阳明没有按常规套路出牌，以攻对攻，而是“围魏救赵”，趁南昌防御空虚之际攻占之，同时在朱宸濠回撤的路上设下伏兵，以逸待劳。王阳明不愧是一代心学大师，对叛军心态的变化洞若观火。“宸濠气焰虽盛，徒恃焚劫之惨，未逢大敌，所以鼓动煽惑其下，亦全恃封爵之赏。今未出旬日辄返，众心沮丧，譬之卵鸟破巢，其气已堕”。最终，叛军溃散，朱宸濠本人亦被活捉。苦心经营十几年的叛乱，王阳明只用了四十三天，便使之灰飞烟灭。阳明先生弟子王畿后来评论道：“人徒知其成擒之易，不知谋定而动，先有夺其心也。”王阳明一介文人统帅，他的军事才能和决策定力当然不是从天上掉下来的，而是长期涵养、博学审问的结果。《王阳明年谱》记载：“二十有二年丙午，先生十五岁，寓京师。先生出游居庸三关，即慨然有经略四方之志。”“十年丁巳，先生二十六岁，寓京师。时边烽甚急，诏举将才，无以应。先生因精究兵法，每遇宾饮，聚果核，列阵势为戏。”还应提及的是：“正德三年戊辰，三十七岁。春，至贵州修文县龙场，……大悟‘圣人之道，吾性自足，向之求理于事物者误也’，史称‘龙场悟道’。”上述平叛宁藩不可谓不惊心动魄。阳明先生睿智决策，书写了明史上的大事件。

不同于王阳明五岁即能背诵其祖父所读之书，曾国藩非天才人物，资质平常，但在旺盛的求知欲方面，二人却别无二致。曾国藩从早年唯好文学到后来于书无所不读，且“公之为学，老而弥笃”。曾国藩不是一个死读书、读死书的人，而是在求学过程中明确认识到要“专赖学问以求精明”。他在《书赠仲弟六则》中说：“三达德之首曰智。智即明也……明有二端，人见其近，吾见其远，曰高明；人见其粗，吾见其细，曰精明。……高明由于天分，精明由于学问。吾兄弟忝居大家。天分均不甚高明，专赖学问以求精明。好问若买显微之镜，好学若舂上熟之米。总须心中极明，而后口中可断。能明而断谓之英断，不明而断谓之武断。武断自己之事，为害犹浅；武断他人之事，招怨实深。”在曾国藩看来，高明不足恃，唯精明可由困知勉行得之，从而实现英明决策。因此，不同于庸常“头巾气”的理学人物，曾国藩中心思想不离儒家而出入老庄，兼采申韩。除了传统士大夫致力的经史，曾国藩还对多数士大夫避之唯恐不及的“案牍之文”兴趣浓厚。所谓“案牍之文”，也就是历代“文件汇编”。曾氏于盐课、海运、钱法、河堤诸实务都用功钻研。《曾国藩年谱》记载其担任工部左侍郎时，“尤究心方舆之学，左图右史，钩校不倦，于山川险要、河漕水利诸大政，详求折中”。曾国藩积学既久，终成“中兴名臣”，不可谓不智。

“力行近乎仁”表明仁爱决策者必须求仁得仁，躬身践履，用王阳明创造的哲学命题来表述就是“致良知”。

按照王阳明的观点，良知是人的本然自在的先天道德观念，它了知是非善恶，只要实实在在依它而行动，就一定能优入圣域，而且稳当快乐，这时的良知就从本然状态转入主体的明觉状态。用《传习录》中的话说就是：“仁者以万物为体，不能一体，只是己私未忘。全得仁体，则天下皆归于吾仁，就是八荒皆在我闼意，天下皆与，其仁亦在其中。”良知不是王阳明的发明。孟子早就说过“人之不学而能者，其良能也；

所不虑而知者，其良知也”，王学的主要特色在于突出了事上磨炼的过程论和工夫论观点，这对决策者而言，至关重要。在王阳明和朱宸濠的对决中，朱宸濠的实力是远高于王阳明的：一方是区区过境官员，一方是位高权重的藩王；一个近乎“光杆司令”，一个拥十万锐士。为什么最后王阳明能胜出呢？最重要的一个原因是王阳明“不动心”，朱宸濠却“处处动心”。王阳明“不动心”是因为仁者“以天地万物为一体”，简单地说，就是廓然大公，于是“其视天下之人，无外内远近，凡有血气，皆其昆弟赤子之亲，莫不欲安全而教养之，以遂其万物一体之念”。宁王却是私欲膨胀，骨肉相攻，无所不为。两人在江西“斗法”：王阳明只听从内心良知的召唤，只关心每一个决策是否有助于尽快重建秩序，是否有利于天下苍生福祉；宁王的“内心戏”可就多了，对身边高参的怀疑，对地盘家私的贪恋，对不吉利天象的恐惧……王阳明打败朱宸濠就是仁者仁心打败了狼子野心，就是一心一意打败了三心二意。王阳明在答弟子有关用兵技巧的提问时说：“凡人智能相去不甚远，胜负之决不得卜诸临阵，只在此心动与不动之间。”只要领导者此心不动，安如泰山，就能指挥若定，克敌制胜。决策者不管遇到何种凶险境遇，依此“如如不动”、克私去蔽的仁者良知行事，“不管人非笑，不管人毁谤，不管人荣辱，我只是这致良知的主宰不息，久久自然有得力处，一切外事亦自能不动”。

曾国藩崇奉程朱之学而不废陆王之学，对王阳明评价颇高，认为“大率明代论学，每尚空谈，惟阳明能发为事功”。应当说，这完全出于力行君子的惺惺相惜。在曾国藩看来："《大学》之纲领有三，明德亲民至善，皆我分内事也。若读书不能体贴到身上去，谓此三项与我身了不相涉，则读书何用？"因此，君子之忧不在己身的穷达进退，而在"匹夫匹妇不被己泽则忧之，所谓悲天命而悯人穷"。至于曾国藩的"凡仁心之发，必一鼓作气，尽吾力之所能为。稍有转念，则疑心生，私心亦生"更是相当于王阳明"致良知"说的翻版。曾国藩的独特处在于强调"仁人君子，不应该不讲究理财"，认为"大抵军政吏治，非财用充足，竟无下手之处"。在克复南京之后，曾国藩极力整饬盐务，疏通商运，甚至让秦淮河上的画舫再度繁荣。当时的"保守派"频生物议，以为此老"风流"不减，犹增韵事，或说此举乃为点缀生平而已。其实曾国藩顶着压力做出开放娱乐业的决策是为了解决战后经济凋敝引发的民生问题，使"无一夫不获其所"。《论语》记载孔子回答子张问仁时说"能行五者于天下，为仁矣"，这五个方面的要求是"恭、宽、信、敏、惠"，其中的"惠"就是指真正的君子要能给人谋求到实实在在的利益。曾国藩明确主张："凡道理不宜说得太高，太高则近于矫，近于伪。"曾氏力行近仁，绝非口惠而实不至者可比。他提出实实在在的"五到"实施路径："身到者，如做吏，则亲验命盗案，亲查乡里；治军则亲巡营垒，亲冒矢石是也。心到者，凡事苦心剖析，大条理，小条理，始条理，终条理，先要擘得开，后要括得拢是也。眼到者，着意看人，认真看公牍是也。手到者，于人之短长，事之关键，随笔写记，以备遗忘是也。口到者，于使人之事，警众之辞，既有公文又不惮再三苦口丁宁是也。"

其中的“凡事苦心剖析，大条理，小条理，始条理，终条理，先要擘得开，后要括得拢”弥足珍贵，表明曾国藩已经具有近代科学的“分析法”与“综合法”思维，而“身到”“眼到”则与“实践法”颇相类似。曾国藩力行近仁，较好地把高调理想主义与低调经验主义统一于自己的仁者修身、治军、施政之中。

“知耻近乎勇”同样是杰出决策者必备的基础性素质。

王阳明提出“悔悟是去病之药，然亦改之为贵”“用功久，自有勇”。阳明先生教导门下弟子：“诸公在此，务要立个必为圣人之心。时时刻刻须是‘一棒一条痕，一掴一掌血’，方能听吾说话句句得力。若茫茫荡荡度日，譬如一块死肉，打也不知得痛痒，恐终不济事，回家只寻得旧时伎俩（指技能本领，无贬义）而已。岂不惜哉？”阳明心学认为“心犹镜也”，勇毅谦逊的决策者“心如明镜”，勤于反省，勇于改过；妄自尊大的决策者“心如昏镜”，往往一意孤行，在歧路上愈行愈远。宁王起兵后约半个月，王阳明即给正德皇帝上疏讽谏：“陛下在位一十四年，屡经变难，民心骚动，尚尔巡游不已，致使宗室谋动干戈，冀窃大宝。且今天下之觊觎，岂特一宁王？天下之奸雄，岂特在宗室？言念及此，懔骨寒心。昔汉武帝有轮台之悔，而天下向治；唐德宗下奉天之诏，而士民感泣。伏望皇上痛自刻责，易辙改弦；罢出奸谀，以回天下豪杰之心；绝迹巡游，以杜天下奸雄之望，则太平尚有可图。”显然，王阳明希望正德皇帝朱厚照通过地方藩王反叛这一残酷事实，能够幡然醒悟，效法历史上汉武帝和唐德宗下罪己之诏，改良颓弊政治。但朱厚照执迷不悟，后来竟贪阳明先生之功以为己有，在鄱阳湖上演出捉放朱宸濠的历史闹剧，遂成笑柄。当朝天子朱厚照身披重铠，站在船头“指挥”水军作战，反叛逆贼朱宸濠毫无还手之力，只剩毫无悬念的缴械投降。然而，朱厚照的历史形象恰恰不是什么英明神武，而是一可悲的滑稽剧演员——辜负王阳明一片赤诚之心和忠言相告，有如东风射马耳。

不同于王阳明的天纵英才，曾国藩以中人之资成为公认的卓越决策者，很大程度上得益于其知耻后勇，进德修业，自认过失并力求改正。他在书札家信中有很多痛自刻责之语，足见其悔过之勇。曾国藩在寄父函中说：“男从前于过失每自忽略。自十月以来，念念改过，虽小必惩。”又在寄弟函中说：“余自十月初一日起，记日课，念念欲改过自新。”他声称生平长进，全在受挫受辱之时，自述：“余生平吃数大堑，……第一次壬辰年发佾生（指秀才考试未入围，但成绩尚可，有资格充任孔庙中祭礼乐舞的人员，俗称‘半个秀才’），学台悬牌，责其文理之浅；第二次庚戌年上日讲疏，内画一图甚陋，九卿中无人不冷笑而薄之；第三次甲寅年靖港败后，栖于高峰寺，为通省官绅所鄙夷；第四次乙卯年九江败后，赧颜走入江西。又参（参劾）抚（巡抚）、臬（按察使）。丙辰被困南昌，官绅人人目笑存之。”这里讲到的第三次、第四次挫折尤其严重，分别指 1854 年曾国藩在岳州的靖港兵败和次年的九江兵败。在九江，石达开总攻湘军水营，取得火烧湘军战船百余艘的大捷。曾国藩从中痛切反省，守“硬”字诀和“悔”字诀。曾国藩认为，人越是在艰难之时，越是要有坚强的意志，坚持不懈，这就是硬字诀；在困局之中，人还要反省自己，从而挽回局面，这就是悔字诀。对于身处危局中的决策者来说，“硬”字就像冬天，主事者要将元气收藏起来，在寒冬中顽强忍耐；“悔”字则像春天，决策者在自我反思反省之后，再度开启新局，仿佛春天生机萌发。曾国藩在与弟书中谆谆告诫：“袁了凡所谓从前种种譬如昨日死，从后种种譬如今日生，另起炉灶，重开世界，……谚云‘吃一堑，长一智’，……务须咬牙厉志，蓄其气而长其智，切不可苶（疲倦）然自馁也。”在曾国藩看来，只需反求诸己，勇毅前行，大堑之后必有大伸之日。

第四节　《史记·货殖列传》的决策者主体素质论

太史公《史记·货殖列传》称“盖天下言治生祖白圭”，这无疑是个很高的评价。白圭把自己多年的从商经验总结为：“吾治生产，犹伊尹、吕尚之谋，孙、吴用兵，商鞅行法是也。是故其智不足与权变，勇不足以决断，仁不能以取予，强不能有所守，虽欲学吾术，终不告之矣。”这可以说是中国两千多年前的企业家主体素质论。一代“商祖”白圭从经营决策角度对仁、智、勇的具体含义做出了独特阐发，颇具现代意义。

白圭认为，仁的关键是取予。中国传统商道特别讲求取予有节，获取和给予都要有所节制，不苟贪得。白圭提到伊尹之谋，可谓后世“义利合一”“过犹不及”“不可贪多务得”的儒商精神之滥觞。伊尹系辅弼商汤的贤相，可称中国历史上第一个帝王师，他教汤效法尧舜，以德治天下，所以才有商汤“见野外张网四面，令去其三面”的佳话。伊尹尊号为“阿衡”，真是耐人寻味。《史记·三家注》曰：“阿，倚也；衡，平也。言依倚而取平。”持平的为政之道与通达的经商之道自有其相通之处。如果善治者必须以民为本，那么良贾则必应以客为先。这也就是《史记·货殖列传》所载：“积贮之理，务完物，无息币。以物相贸易，腐败而食之货物勿留，无敢居贵。”什么是“完物”？就是商品应力求完善和完美，才能被市场接受，物畅其流。什么是“无敢居贵”？就是卖东西千万不要盼着囤积以求高价。“完物”思想在华为“基本法”第八条有所体现，“我们的目标是以优异的产品、可靠的质量、优越的终生效能费用比和有效的服务，满足顾客日益增长的需要”“质量是我们的自尊心”。显然，贯穿“质量自尊心论”与“挣小钱论”的一根红线正是“以客户为中心”核心价值观。任正非清醒地认识到：“员工要给工资的，股东是要回报的，天底下唯一给华为钱的，只有客户。”2009年，面对国际金融危机所引发的经营难题，任正非从都江堰水利工程“深淘滩，低作堰”的治堰准则中获得启发，认为“其中蕴含的智慧和道理，远远超出了治水本身”“深淘滩，就是不断地挖掘内部潜力，降低运作成本，为客户提供更有价值的服务；低作堰，就是节制自己的贪欲，自己留存的利润低一些，多一些让利给客户，以及善待上游供应商”。一句话，客户为先，仁者无敌。华为不走其他企业高投入、高利润、高门槛的老路，从而成功地转危为机，持续增长。

白圭认为，智的关键是权变。他讲的权变不是阴谋诡计，而是一种“反者道之动”的逆向商业思维，概言之就是“人弃我取，人取我予”。比如蜀中卓文君家族的发迹史就充分说明了这一点。卓氏先祖本为北方赵人，强秦破赵之际，许多被掳掠的赵人纷纷请求就近迁徙，甚至不惜为此贿赂官吏，唯独卓氏一反常人之见，求为远迁，至于临邛。“大喜，即铁山鼓铸，运筹策，倾滇蜀之民，富致僮千人。田池射猎之乐，拟于人君。”再比如齐地巨贾刀闲，“齐俗贱奴虏，而刀闲独贵之”“人之所患，唯刀闲收取”“愈益任之”，在百姓中赢得“宁刀毋爵”（宁不为官爵，愿为刀家奴）的声名。刀闲“终得其力，起富数千万”，秘诀就在“人弃我取”，大胆收留，放手使用，充分授权。白圭“人弃我取，人取我与”的商业智慧在任正非那里被生动地表述为“鸡肋战略”。任正非接受德国电视一台采访，提及 IT 行业泡沫危机时说，华为在内外交困之下做出了两个决策：一是把客户所有的“烂”设备换回来，要十几亿元人民币，那时华为已经资金不足，这一举措赢得了客户的信任；二是选取了一个正确的战略，即“鸡肋战略”，北电曾经在光传输上投入过猛，设备跌价不值钱，如同没有肉的鸡肋，华为选择了光传输这个不值钱的鸡肋。企业当然都是要逐利的，但切不可急功近利，任正非终于带领华为涉过急流险滩。

白圭认为，勇的关键是决断。他把高明把握商机形容为“趋时若猛兽鸷鸟之发”，强调商业嗅觉的敏锐性和商业决策的果决性。在这一点上，不同于日本大企业的相对保守，华为的决策原则可总结为“从贤不从众”。在任正非看来，日本一贯比较求稳……许多重要决策必须一致通过，少数人通不过，要做工作，甚至有时做不通就拖着，这种决策的安全性拖累决策的及时性。任正非认为企业决策要敢字当头，只有敢于胜利，才能善于胜利。要敢于打破自己的坛坛罐罐，敢于去拥抱新事物，敢于用投资的方式把资源押到、堆到关乎企业生死存亡的战略机遇点上，任正非谓之“针尖战略”。2009 年是华为发展过程中极为困难的一年，任正非毅然领导企业迈出企业管理分权制衡的一步，目的是让一线人员拥有更多决策权。任正非认为，市场变化具有随机性，市场布局具有分散性，因此必然要求公司构建体现制造柔性的敏捷生产体系。虽然从字面上看，敏捷有快速的意思，但快速并不等于敏捷。从根本上讲，敏捷意味着即时因应市场变化，自适应范围足够大，自创新机制足够灵活，有能力迅速调度和组织大量资源抢夺市场先机，形成局部优势，恰似雄鹰搏兔。

白圭认为，强的关键是“有所守”。那么决策者究竟应该坚守什么呢？第一是守生。商业竞争的根本规律在于优胜劣汰，太史公对此有着深刻认识，“富无经业，则货无常主，能者辐辏，不肖者瓦解”，因此，可以说生存、活下去是企业经营管理最本质、最重要的目标。任正非认为，“活下去，永远是企业的硬道理”，守生的要诀在于向死而生。他曾撰文：“十年来我天天思考的都是失败，对成功视而不见，也没有什么荣誉感、自豪感，而是危机感。也许是这样才存活了十年。”第二是守德。《史记·货殖列传》记载：“居之一岁，种之以谷；十岁，树之以木；百岁，来之以德。德者，人物之谓也。”以现代观点看，就是说一家基业长青的企业，其核心价值观不能只写到文件里或挂在墙上，而必须内化在一个个具体的企业人身上。任正非要求高中层干部传承“以客户为中心，以奋斗者为本，长期坚持艰苦奋斗”的华为文化。他曾说：“一同努力的源，是企业的核心价值观。这些核心价值观要被接班人所确认，接班人是广义的，不是高层领导下台就产生个接班人，而是每时每刻都在发生的过程，每件事、每个岗位、每条流程都有这种交替行为，是不断改进、改良、优化的行为。我们要使每个岗位都有接班人。”第三是守“壹”。一切巨大的商业成功都有赖于对某种核心业务的持久聚焦定力，“此皆诚壹之所致”。在与企业核心竞争力不相关的利益面前，华为经得住诱惑，不谋求在某些非主营产品领域里做“鸡头”。在任正非眼中，什么才是好产品？“好产品犹如好歌，只有千古传唱的歌，才是好歌”，这也是古人所说的“诚壹”。

第四章

决策“三力”及其实现路径

决策力是领导者的核心能力，可以从聚合力、前瞻力和应变力三个维度考察分析。

第一节　聚合力

决策是领导者特有的任务。如果一个组织中人人决策，则没有决策，但决策不等于“一言堂”。现代决策者的权力通常是由组织赋予的，体现为对客体的强制性支配；权威则是基于对象信服而产生的影响力，常常体现为自愿接纳。用中国传统儒家管理哲学的语言来表述，权力型“决策者”以力服人，这是行“霸道”；权威型“决策者”以德服人，这是行“王道”。孟子的管理决策心理学分析非常精妙，《孟子·公孙丑上》说:“以力服人者，非心服也，力不赡也；以德服人者，中心悦而诚服也，如七十子之服孔子也。”孔子一生中多数时间并无一官半职，当然也就没有自上而下的支配力，他周游列国推销自己的政见四处碰壁时，一班弟子却不离不弃，心甘情愿地千里追随自己的“大先生”过着席不暇暖、栖栖惶惶的生活。孔子对于徒众的“聚合感召”的法宝在哪里呢？《论语·子罕》记载:“子畏于匡，曰：文王既没，文不在兹乎？天之将丧斯文也，后死者不得与于斯文也；天之未丧斯文也，匡人其如予何。”大意是孔子被困拘在匡地，他说:“周文王殁去以后，文脉道统不就在我这里吗？如果上天真要消灭斯道，后人就没机会知晓周代的礼乐制度和文化传统了；如果上天不欲废弃此道，那么眼前这些狂暴的匡人又能把我怎么样呢？”《史记·孔子世家》还描述了一个很有画面感的细节，“匡人拘孔子益急，弟子惧”，然后才是上引孔子大气磅礴的自我评价与定位，“文王既没，文不在兹乎”。也就是说，周文王逝去后，“此在”就是周文化的化身，“我”就是周文化道统的托命之人。历史证明，孔夫子的自我定位非常精准。《朱子语类》有言：“道者，人之所共由；德者，己之所独得。”孔子正是凭借这个“道在己身”之“德”彻底克服了世俗中人面临生命威胁时产生的恐惧，弟子惧而夫子不惧且大义凛然，从而成为一个以“大德”服人并凝聚人心的杰出范例。但孔子毕竟只是一代“有其道而无其爵”的“素王”，处在各种真实矛盾旋涡之中的领导者真能凭一己的道德力量就实现决策目标吗？非也！举例来说，诸葛亮在刘备白帝托孤后作为蜀汉政权实际总操盘手，就是通过儒法汇通即“以德服人”与“以法绳人”相结合，才最大限度地延续了蜀汉的生存。

古语云“天下未乱蜀先乱，天下已平蜀难平”，更何况当时诸葛亮还必须协调外来荆襄集团和本土益州集团之间错综复杂的政治张力，治理决策面临挑战。《三国志·诸葛亮传》记载得很清楚：“诸葛亮之为相国也，抚百姓，示仪轨，……开诚心，布公道；尽忠益时者虽雠必赏，犯法怠慢者虽亲必罚，……善无微而不赏，恶无纤而不贬，……终于邦域之内，咸畏而爱之，刑政虽峻而无怨者，以其用心平而劝戒明也。”显然，作为荆襄集团核心人物，诸葛亮的“心平”是关键点，而其最有力的支撑就是他主持制定的法律条文体系《蜀科》，以此真正把决策者以公平绳人之心落实在明确的执法标准上。用历史学家许倬云的话说就是：“诸葛亮用刑相当严，惩罚相当凶，可谁也没有怨言，因为被罚的人自己知道该罚的。别人不能说，你诸葛亮存心整我益州人，你在歧视我们地方力量。因为诸葛亮一样惩罚荆襄人士，他拿出来的条文是一致的，规定一致，惩罚过程一致。”所谓公平，只有“公”才能“平”。若论私谊，诸葛亮对马谡可谓“深加器异”，征南中就是采纳了马谡“攻心为上，攻城为下；心战为上，兵战为下”的策略建议，但马谡违纪时，照样受到严厉制裁，“还于汉中，戮谡以谢众”。在马谡案件中，宿将赵云亦被降职，诸葛亮本人更是自贬三级。在给后主刘禅的上疏中，诸葛亮检讨了自己“不能训章明法”和“授任无方”的错误，主动提出：“《春秋》责帅，臣职是当。请自贬三等，以督厥咎。”诸葛亮自贬的理论依据是“《春秋》责帅”，典出《左传·宣公十二年》的记载。晋国荀林父率军与楚国军队作战，大败而归，韩厥对荀林父说，“子为元帅，师不用命，谁之罪也”。诸葛亮刀刃向内，“执法以平”依据的是《左传》这样一部儒家经典，同时也贯注了“吾日三省吾身”的儒家自我批评精神，充分体现了诸葛亮儒法汇通的治理决策之道。

诸葛亮“执法以平”带来的一个直接效应就是“执法以信”，即深得众人信服，哪怕是曾被武侯峻厉惩处的人。当诸葛亮病逝五丈原的噩耗传到汶山，被流放在此的廖立涕泪纵横，一边哭一边叹息道：“吾终为左衽矣！”意思是诸葛亮若在，自己尚有翻身之可能，他一死，自己就永无出头之日了，因为没人能像诸葛亮那样公正无私决策。另一著例是李严，他本人被流徙后，其子李丰依然受到重用，后官至朱提太守。李严在流放地也盼望有朝一日能重新获用，在获悉诸葛亮积劳成疾病逝后，自知希望成空，竟在激愤之下发病身亡。

诸葛亮决策聚合力的根源在于其“水镜无私”的领导风范和管理水平，在于其“鞠躬尽瘁，死而后已”的夙夜在公精神，这也是武侯儒家和法家思想接合的真正精髓所在。东晋史家习凿齿精当评论：“昔管仲夺伯氏骈邑三百，没齿而无怨言，圣人以为难。诸葛亮之使廖立垂泣，李平致死，岂徒无怨言而已哉！夫水至平而邪者取法，镜至明而丑者亡怒，水镜之所以能穷物而无怨者，以其无私也。水镜无私，犹以免谤，况大人君子怀乐生之心，流矜恕之德，法行于不可不用，刑加乎自犯之罪，爵之而非私，诛之而不怒，天下有不服者乎！诸葛亮于是可谓能用刑矣，自秦、汉以来未之有也。”可见，领导者决策聚合力的核心是一个“公”字。

诸葛亮实现决策聚合力的重要路径在于其集思广益、群策群力的工作方法。诸葛亮在《三国演义》中被小说家演绎得神乎其神，被鲁迅评论“诸葛之多智而近妖”，而正史记载的诸葛亮其实极端重视依靠和发掘众智，而不是仅凭一己私智裁决军国大事，决定重大人事安排。尽管孔明本人确实才华超群，在政治、军事、外交甚至发明创造方面（改进连弩、设计木牛流马等）均有杰出才能，但他深知个人见识终归是有限的，只有在不同意见的相互碰撞中，才能像“弃弊蹻而获珠玉”一样取得优化策略方案。诸葛亮特别注意倾听下级包括“怨声”和“危言”在内的各种声音，认为“纳言之政，谓为谏诤，所以采众下之谋也”。领导者要“视微形，听细声”“怨声不闻，则枉者不得伸”。建兴五年（227 年），诸葛亮率军北伐，在关键岗位丞相府长史人选上本来中意的是张裔，但在征求意见过程中，杨洪提出张裔“长于治剧，才诚堪之，然性不公平，恐不可专任”，结果诸葛亮最终派方正持重的蒋琬佐助张裔，显然是吸纳了杨洪的建议。诸葛亮早在初占益州之时，就建立了参署制度，即让有识之士参与机要事务的酌处。他在发布的《与群下教》中指出，“夫参署者，集众思，广忠益也”，今人耳熟能详的成语“集思广益”正出于此。这方面的例子有很多。董和原为刘璋旧部，他参署七年，“事有不至，至于十反，来相启告”，意思是董和遇到事情有办理不周到的，总是提出自己的看法和意见，有时多达十余次。诸葛亮称赞徐庶“处兹不惑”，真诚地寄望僚属“苟能慕元直之十一，幼宰（董和）之殷勤，有忠于国，则亮可少过矣”。孔明回顾自己的职业生涯时说：“昔初交州平（崔州平），屡闻得失，后交元直（徐庶），勤见启诲，前参事于幼宰（董和），每言则尽，后从事于伟度（胡济），数有谏止；虽姿性鄙暗，不能悉纳，然与此四子终始好合，亦足以明其不疑于直言也。”可见，集思广益是诸葛亮一以贯之的决策方法。

概而言之，秉持公心、融通儒法治道和通过参署制度汇聚众智，是诸葛亮决策聚合力的主要实现路径，这对当今的领导者仍然有启迪价值。当然，古代先贤的决策经验难以直接照搬，例如无论诸葛亮多么虚怀若谷，他的俯首倾听下级意见只能建立在传统社会森严的等级制度环境中，因此在范围上和程度上必然有所局限，但其中所蕴含的积极倾听的决策智慧却历久弥新。比如，我们不难感受到字节跳动创始人张一鸣倡导创建的具有现代性的平等公司文化氛围。张一鸣为扫除公司内部上级对下级的“倾听–沟通”障碍，干脆明确提出避免使用敬称，认为敬语会给新人增加心理上的层级感，不利于营造平等的、畅所欲言的氛围。在张一鸣心目中，称谓非小事，而是要上升到企业文化建设的高度来认识的，称“不装”是字节跳动的文化。“字节范儿”的一个鲜明特征就是保持简单、保持坦诚和去形式化，要求同事沟通中要去掉官腔。称谓毕竟也只是个称谓，字节还推出了促进管理层平等倾听的制度化“实招”。例如，每个企业、每个单位都有差旅标准，在字节则采用“上限定额法”，包括老板在内的“字节人”差旅补贴均等化。张一鸣曾介绍，他总是鼓励员工大胆地向上级说出期望，而不必战战兢兢地琢磨这种期望是否合适。这些举措无疑有助于提升字节决策的科学化、民主化水平以及促进组织聚合性。

孔子感召三千弟子的“奥秘”除了根本上“人能弘道，非道能弘人”的伟大文化使命感，在管理方法层面上重要的一条就是因材施教，因势利导，“循循然善诱人”，让弟子们“欲罢不能”。所谓“不愤不启，不悱不发”，孔子显然是谦逊地把自己放在“倾听者”的位置上，从而能精准识别出学生是处在“愤”即“心求通而未得”还是“悱”即“口欲言而未能”的状态，进而有针对性地加以启发引导。现代决策者能够从中获得的启迪是，一定不要迷信权力，而要善于化硬权力为软权威，尽可能通过吸引力、感召力、影响力来行使权力。华为创始人任正非就非常善于通过积极倾听提升团队聚合力。他有一个著名的“糨糊论”，靠“一桶糨糊”粘连华为众多员工。任正非自觉居于“倾听者”地位，合理遵循人性和欲望的逻辑进行“三感管理”，即饥饿感、危机感和使命感。对基层员工强调饥饿感，对中层管理者和高层管理者分别强调危机感和使命感。因为，基层员工更多会追求即时满足，即物质自由度；中高层员工多寻求延时满足，即精神成就感。中层干部和高层干部的根本分野在于“尽力”和“尽心”。尽力者的特点是努力完成任务，因此宜严格考核，考核的刚性会带来危机感。尽心者的特点是全心全意、殚精竭虑创造性地开展工作，极少数进入公司最高领导层的干部必须是具有超我意识的使命主义者。高级干部要有使命感，“高级干部是选拔出来的，不是考核出来的”。任正非选拔高级干部不拘一格，认为不要追求完人，要用人所长，避人所短。任正非主张领导者一定要把最基本的东西想明白，认为权力、名声、财富等都与追随者密切相关。可以说，华为的成功密码之一就是“共享”二字，共享发展成果，“把钱分好，把权分好，把名分好”，而实现共享的底层逻辑密码正在于领导者对于全体员工心声的“积极倾听”。

当然，在历史上和现实中也有很多因为缺乏积极倾听而导致企业失败的案例。获得“管理领域伟大的离经叛道者”头衔的加拿大学者亨利·明茨伯格讲过一个著名的亲历故事。他在多年前的一个早上，乘坐美国东方航空公司的飞机，从加拿大的蒙特利尔飞往美国纽约。美国东方航空公司曾是美国主要的航空公司之一，于 1991 年停止运营。那个时候，飞机上提供一种“炒鸡蛋”早餐。他跟空姐说：“我在飞机上吃过一些难吃得要命的东西，这绝对是最难吃的。”对此，空姐见怪不怪地回应：“我知道，我们告诉过他们很多次了，但他们不听。”可见，美国东方航空公司管理层患有深度“MBA 中毒症”，他们迷信依靠财务报表经营企业，偏爱数据分析而对企业一线员工的直接反馈充耳不闻，乃至对真正决定企业兴衰命运的生动的客户体验反应迟钝。明茨伯格幽默断言：“或许还会用上座率或其他要素来解释航空公司的问题。但不要相信里面的任何数字，美国东方航空关门大吉，就是因为那些炒鸡蛋。”事实证明，只知高高在上发号施令的领导者只能在激烈的市场竞争中被自然淘汰。明茨伯格强调，“领导力是一种神圣的信任”，结合中国古代先贤的决策智慧，我们不妨再加上半句，这种“神圣的信任”只能来自“神圣的倾听”。

第二节　前瞻力

《易经·文言》中有一段话可视为对决策前瞻力的绝佳表述：“夫‘大人’者，与天地合其德，与日月合其明，与四时合其序，与鬼神合其吉凶，先天而天弗违，後天而奉天时。天且弗违，而况于人乎？况于鬼神乎？”所谓“先天而天弗违”，指的就是预见并遵循天道规律以指导人类决策活动的必然结果。鬼神也并不神秘，不过是阴阳二气的屈伸变化，同样不能违背天道规律，不过是神者伸、鬼者归而已。在中国古代圣贤那里，这个天道规律也就是万物变化之“道”，是万物变化的公式，这在《易经》中表述为“无往不复”，在《老子》中表述为“反者道之动”。冯友兰在《中国哲学简史》中阐释：“《易传》和《老子》一样认为，要取得胜利，就一定要注意不要过分的胜利；要避免丧失某物，就一定要在此物中补充一些与它相反的东西。”《易经・否卦》中的“其亡其亡，系于苞桑”表面看来有些令人费解，其实讲的就是这个道理。苞桑，指丛生的桑枝，比喻牢固坚韧。领导者要心存戒惧，时刻警惕灭亡（或逃亡），国祚（或牛羊）乃可如系于大桑树上，坚固久长。所以《易经・系辞上》强调君子（领导者）必须“安而不忘危，存而不忘亡，治而不忘乱”，必须对物极必反的宇宙发展规律保持敬畏。在这个意义上，领导者决策前瞻力的核心底蕴是一个“谦”字。“千古谋圣”张良谋身、谋国、谋天下靠的也是这个字，不可不察。

西汉基业开创者刘邦在建国后由衷称赞张良，“运筹策帷帐之中，决胜于千里之外，吾不如子房”，充分肯定了张良“图安危，虑未萌”的决策智慧。但当我们细读《史记・留侯世家》，不难发现，张良首次崭露头角是以一个有几分想当然的“愣头青”的形象登上历史舞台的，企图依靠刺客的蛮力终结一个帝国，妄想仅凭百二十斤的大铁椎（锥）改变历史。秦始皇因多次遇刺，早有预案，外出巡游车辇众多，而且时常换乘，张良行刺计划的结果可想而知，被大力士击中的只是副车。张良蛮干硬干失败，不得已亡命天涯，但十来年后，张良再出江湖，已从骄傲急躁的冲动青年彻底转变成为深谋远虑的“王者师”，转变的关键就在著名的“圯上受书”传说。一天，张良闲步沂水圯桥，遇一穿着粗布短袍的老翁。这个老翁走到张良的身边时，故意把鞋脱落桥下，然后，傲慢地差使张良道:“小子，下去给我捡鞋！”张良愕然，但还是强忍心中的不满，违心地替他取了上来。随后，老人又抬起脚来，命张良给他穿上。此时的张良真想挥拳相向，但他毕竟已历人间沧桑，饱经漂泊生活的种种磨难，因而强压怒火，膝跪于老人前，小心翼翼地帮老人穿好鞋。老人非但不谢，反而大笑而去。太史公在此处以其千钧笔力写道，“良殊大惊，随目去”。可以说正是在这一刻，张良完成了一次认识上的飞跃，从“以匹夫之力，而逞于一击之间”到“制胜于无形，子房计谋其事，无知名，无勇功，图难于易，为大于细”，以其超绝的颖悟终于没有辜负黄石公“故倨傲鲜腆（无礼）而深折之，彼其能有所忍也，然后可以就大事”的良苦用心。后面的三次约期相会，是黄石公在有意巩固自己的谦忍教育成果，以及向张良揭示一定要把握先机方能立于不败之地的重大战略决策原则。因此直到张良第三次不到半夜就赶赴约会地点，黄石公方才转怒为喜，终于传给张良《太公兵法》，该书部分内容流传后世，是为《六韬》。这本奇书在张良日后顶级智囊生涯中发挥了决定性作用。

《六韬》叙述周文王访姜太公于渭阳，姜太公以钓为喻，劝说周文王“以国取天下”，阐述了“同天下之利者得天下，擅天下之利者失天下”的道理，最重要的是预言了商、周的不同历史命运。姜太公前瞻性地预判：“呜呼！曼曼绵绵，其聚必散；嘿嘿（默默）昧昧，其光必远。”“曼曼绵绵”乃漫长不绝之义，暗示商虽然传了十七世五百余年之久，但终要败亡；当时尚默默无闻、不显山露水的周终将光芒四射。《六韬》所记载的姜子牙的这种穿透当下迷雾的决策前瞻力深刻影响了张良，使他总能在历史转弯处向刘邦献出深谋远虑的策略建议。沛公大军率先进入咸阳，看到那豪华宫殿、如云美女和奇珍时，刘邦最初的反应非常直接，“意欲留居之”。武夫樊哙犯颜强谏，直斥刘邦“欲为富家翁邪”，刘邦对此不予理睬。 在此关键时刻，张良向刘邦剖析利害：“秦朝因为暴虐无道，您才能倾覆它而进入咸阳。既然您已经为天下人铲除了祸害，就应该布衣素食，以示节俭。大军刚入秦地，您就沉溺在享乐之中，这就是所谓助桀为虐了。”张良陈词的理论依据就是《六韬》所言：“天下非一人之天下，乃天下之天下。……天有时，地有财，能与人共之者，仁也；仁之所在，天下归之。……凡人恶死而乐生，好德而归利，能生利者，道也；道之所在，天下归之。”明确秉持儒家仁政思想与道家重生思想相统一的治理决策观。刘邦接受规劝，悬崖勒马，下令封存秦朝重宝、府库、财物，还军灞上，以待项羽。在此期间，刘邦还采纳张良的建议，召集诸县父老，与之约法三章：“杀人者死，伤人及盗抵罪。”通告四方：“余悉除去秦法。诸吏人皆安堵（不变更）如故。凡吾所以来，为父老除害，非有所侵暴，无恐！”用《六韬》里的话说，刘邦的系列举措就是所谓“极反其常”，由秦国苛法暴政的管制极端状态回归民众安居乐业、休养生息的治理常态。沛公“为之先唱，天下和之”，因之出现一幕秦民一致拥戴，争先恐后用牛羊酒食慰劳军士的活剧，帝都父老甚至“唯恐沛公不为秦王”。刘邦入关后在张良指导下知雄守雌，赢得了民心。后来刘邦在刀光剑影的鸿门宴上，也是在张良的总导演下示弱扮委屈可怜，以谦忍表演而化险为夷。

需要说明的是,《太公兵法》将对决策者的谦忍要求具体化为既要“柔而静，恭而敬”，又要“弱而强，忍而刚”，必须把“莫进而争”和“莫退而让”统一起来。如果说避锋芒、还军霸上的正确策略体现的是“莫进而争”，那么刘邦接受被项羽分封到偏僻荒凉的巴、蜀后，全力为刘邦争取汉中，则属于典型的“莫退而让”。张良的决策前瞻力突出体现于主动谋划、提前布局，再躬身入局的战略主动上。《史记·留侯世家》记载:“汉元年正月，沛公为汉王，王巴蜀。汉王赐良金百溢，珠二斗，良具以献项伯。汉王亦因令良厚遗项伯，使请汉中地。项王乃许之，遂得汉中地。”大意是天下分封已定后，张良打算离开刘邦回韩国再事韩王成。刘邦赐其金百镒（溢)、珠二斗，而张良把这些财宝悉数转赠项伯，委托他再为汉王请求加封汉中地区。项伯见利忘义，立即前去说服项羽。刘邦得以都南郑，占据了秦岭以南的巴、蜀、汉中三郡，成为名副其实的汉王。汉中地区不仅沃野千里，而且是通向关中的战略要地。这也就意味着，刘邦尽管在分封中被项羽狠狠“修理”，却获得了一块通往关中的跳板。后来刘邦决策东进时，正是通过汉中暗度陈仓，重新在关中地区站稳了脚跟。张良的政治远见为刘邦平定三秦、胜利东进铺平了道路。

《易经·系辞下》有言，“知几其神乎”“君子见几而作，不俟终日”;《易经·系辞上》有言，圣人“极深而研几”“唯几也，故能成天下之务”。这可以理解为，领导者实现决策前瞻力的基本路径是“知几”。那么，什么是“几”呢？“几者动之微”，几就是事物变动的微妙征兆或迹象，领导者必须对之敏锐判断，方能“以通天下之志，以定天下之业，以断天下之疑”。仍以楚汉相争为例，公元前203年，汉对楚已逐渐形成合围之势：韩信据齐地不断袭击楚军，彭越屡次从梁地出兵断绝楚军粮道。楚军兵疲粮竭，项羽无奈，只得送回扣押的刘邦的父亲妻儿，与刘邦讲和。双方商定，以鸿沟为界，中分天下，东归楚，西归汉，互不侵犯。项羽如约拔营东归，向彭城而去。刘邦也欲引兵西归汉中。在这一重大历史转折关口，张良以一个政治谋略家的深邃眼光，向刘邦建言:“今汉有天下大半，而诸侯皆附，楚兵罢（疲）食尽，此天亡之时，不因几而遂取之，所谓养虎自遗患也。”刘邦采纳了张良的建议，亲率大军追击项羽，并下令韩信、彭越统兵合围。从固陵之役到垓下之围，长达四年的楚汉相争，以刘邦的全面胜利结束。

张良之擅长“知几”在西汉王朝初建立后的智封雍齿中也表现得非常突出。公元前197年，刘邦大封萧何、张良等二十余位功臣，大批未被受封者议论纷纷，争功不休。一天，刘邦从阁道上看见诸将三三两两地坐在沙地上议论，就询问张良他们在谈论什么。张良答:“此属畏陛下不能尽封，恐又见疑平生过失及诛，故即相聚谋反耳。”刘邦忧虑地问计于张良:“为之奈何?”张良问:“上平生所憎,群臣所共知,谁最甚者?”刘邦答:“雍齿与我故(有故怨),数尝窘辱我。我欲杀之,为其功多,故不忍。”张良建言:“今急先封雍齿以示群臣。”果然,群臣见状皆大欢喜,都喜滋滋地说:“雍齿尚为侯,我属无患矣。”张良的见“几”之明正来自《太公兵法》的提醒:“涓涓不塞,将为江河;荧荧不救,炎炎奈何;两叶(指嫩苗初生)不去,将用斧柯。”

张良充分汲取了《太公兵法》的前瞻性决策智慧,处处棋高一着,棋先一着。《太公兵法》在《汉书》中被列为道家典籍,强调“太强必折,太张必缺”的生存经验之道,面对开国后刘邦的厚赐,张良谦抑自处,诚恳地对刘邦说:“始臣起下邳,与上会留,此天以臣授陛下。陛下用臣计,幸而时中,臣愿封留足矣,不敢当三万户。”同样具有经天纬地之才的韩信惨死钟室,张良却能全功保身,令人感慨唏嘘,这恐与当年黄石公谦忍处事与把握先机的心授不无关系。

《太公兵法》所标举的“存者非存,在于虑亡;乐者非乐,在于虑殃”的决策智慧仍值得当今企业领导者重视。阿里巴巴经营管理的一个法宝就是“拥抱变化”,而多数管理者不过是在适应变化,特别是很多企业都是在路径依赖难以为继时才不得不求变自救。不过,当公司出现危机再找救星往往为时已晚。马云主张,CEO要在“太阳升起时买雨伞”。例如,阿里巴巴引领电子商务潮流虽然带来了便利和效率,但也存在着商品质量、物流配送、售后服务等诸多环节上的问题。为此,阿里巴巴提出了“新零售”的概念,即通过数字化技术将线上线下各种渠道和环节进行深度融合，力图实现消费者和商品、商家之间的需求无缝对接。

我们注意到，“未来”可算是任正非决策管理的一个关键词。他强调企业领袖对未来的投资不能手软，对未来的探索没有失败一说。任正非率团参观松下电器博物馆，当随行人员提议华为也可以建一座自己的企业博物馆时，任正非当场否决，表示“华为不需要历史，华为要忘掉历史”。不建博物馆的华为却建成了非常气派的产品厅，那里展示的都是华为最新产品和技术专利。华为对应用型基础专利的投入是一项战略投入，这不像产品开发那样能够在短期内看到成果，而需要一个长期的、持续累积的过程。任正非的未来意识、前瞻意识不是画大饼、打鸡血，而是与“活下去”这个企业经营管理的“硬道理”紧密结合的。领导者既要仰望星空，牵引公司走向未来；也要脚踏实地，带领团队突破当下的险隘。企业管理必须在“深淘滩”的同时“低作堰”：一方面在深入挖潜的前提下确保对明天的投入，即便在资金危机的特殊时期也不能动摇；另一方面要清醒地节制对利润的贪欲，不因短期目标牺牲长期目标。组织决策中未来意识与当下现实意识的融汇点即“惶者生存”。常言道，失败是成功之母；反之，成功也未尝不是失败之母，对于高科技企业尤其如此。既往取得的成就，哪怕是伟大的成就，也并非未来成功的可靠路标。在瞬息万变的信息时代，能带领组织活下去的卓越领导者必定不是自诩能穿透未来迷雾的先知，而是居危思进、谦下自处的“惶者”。

第三节　应变力

战场讲兵机，商场讲商机，形势千变万化，领导者必须擅长在时间方程式中求得最优解。《孙子兵法·始计》指出“势者，因利而制权也”;《孙子兵法·军争》又强调将领要“悬权而动”。“权”在古汉语中的本义是秤砣，用秤称重，通过移动挂在秤杆上的秤砣来平衡重量，由此引申出衡量的意思。所以权在古人那里不是固定的、固化的，而是应变的、动态的东西，其中包蕴着深厚的中国传统文化思想。孔子说“可与立，未可与权”；孟子则说“执中无权，犹执一也”。孔子、孟子、孙子等所讲的“权”即权变，也就是变通，体现出权衡轻重、与时俱化的决策应变力智慧。

对于决策者来说，完全没有战略规划是不行的，但太拘泥于既有规划同样是大忌。诸葛亮在刘备一意孤行发动夷陵之战惨败后，果断调整，修复对吴关系，以极大魄力和勇气对《隆中对》提出的战略构想做出重大修正。面对刘备留下的“烂摊子”，诸葛亮遣人出使东吴，决计改变蜀吴兵戎相见后事实上的“曹孙联合，共反刘备”的不利态势。蜀国使节邓芝的杰出外交才能发挥了重要作用，比如邓芝初到东吴颇遭冷遇，已向曹魏称臣的孙权甚至都没打算亲自接见，直到邓芝上表说“臣今来亦欲为吴，非但为蜀”才打动了孙权。但这次破冰之旅的成功在根本上还是基于诸葛亮通盘考量决定放弃荆州领土要求的战略决策。邓芝一上来就对孙权说:“吴、蜀二国四州之地，大王命世之英，诸葛亮亦一时之杰也。蜀有重险之固，吴有三江之阻，合此二长，共为唇齿，进可并兼天下，退可鼎足而立，此理之自然也。”表面看来这似乎并无新意，不过是在重申十余年前诸葛亮亲赴东吴提出的孙刘联合抗曹的战略方针，但其实有深意存焉，因为邓芝在分析两国地缘优势时只提到蜀有“重险之固”，吴却有“三江之险”。所谓“重险之固”就等于承认蜀国是个四塞险固之国，认可了战后只占有益州而东吴据有荆州、扬州和梁州的事实。时移世易，这是一个艰难然而明智的抉择。众所周知，“跨有荆益”是诸葛亮在《隆中对》中为刘备做出的策划，荆州“东连吴会，西通巴蜀”，地理位置极端重要，夺取荆州自然是“跨有荆益”的前提，也是刘备“霸业可成”的起点。公元 208 年赤壁之战后，刘备占据荆州江南四郡，隆中决策的第一步完美落地。公元 211 年，刘备入益州，后来又在定军山大捷的凯歌声中攻占汉中，达到其一生事业的巅峰。但关羽“大意失荆州”，诸葛亮精心设计的两路大军钳击中原的战略计划付诸东流，“命一上将将荆州之军以向宛、洛”不复可能。《孙子兵法·九地》有云:“践墨随敌，以决战事。”墨就是木匠所用的传统工具墨线，用于校正曲直。践墨比喻依照预定方案行动，随敌则是应对手动向而做出弹性的改变。诸葛亮在刘备托孤主政蜀汉后，把尽最大努力与东吴重建联盟以对付强敌曹魏作为头等大事筹划，可以说形成了一个新的钳形夹攻中原的战略。钳形的一边是蜀汉，另一边是东吴，东线虽不如以前的设计运用自如，却是当时唯一可行的选择。孙吴东翼是否配合得力，恰恰有赖于孙刘联盟的巩固程度。邓芝成功出使的第六年，即后主建兴七年（229年），蜀汉收到惊雷般的消息——孙权称帝！俗话说“天无二日”，曹丕率先称帝，蜀汉可以不予承认，现在孙权也龙袍加身，刚刚恢复的蜀吴关系面临重大考验。许多蜀汉官员基于“政治正确”观念要求与东吴断交，诸葛亮却力排众议，同意两帝并尊。诸葛丞相明确强调“应权通变”的决策思路，指出两国不能撕破脸皮，他指出：“彼（指东吴）贤才尚多，将相辑穆，未可一朝定也。顿兵相持，坐而须老，使北贼得计，非策之上者。昔孝文卑辞匈奴，先帝优与吴盟，皆应权通变，弘思远益，非匹夫之为忿者也。今若就其不动而睦于我，我之北伐，无东顾之忧，河南之众不得尽西，此之为利，亦已深矣。权僭之罪，未宜明也。”诸葛亮还做出了一个大胆举动，派使者陈震赴东吴祝贺孙权登基。这次外交行动的积极成果是孙权不久就把国都从武昌迁往建业，表明吴蜀两国建立起更加稳定的战略互信。此后孙权也确实多次出兵攻击曹魏，在一定程度上配合呼应了诸葛亮的北伐。事实证明，诸葛亮与时俱化、通权达变的外交决策是正确的。

对于领导者而言，决策应变力的另一个题中应有之义是灵活机动、快速反应。《孙子兵法·九地》指出：“善用兵者，譬如率然。率然者，常山之蛇也。击其首则尾至，击其尾则首至，击其中则首尾俱至。”大意是，善用兵者，指挥部队灵活得像率然一样。率然是常山的一种蛇，打它的头，尾部来相救；打它的尾，头部来相救；打它的中间，头尾都来相救。一线部队快速应变的前提是统兵打仗的将领要有自主决策权，所以《孙子兵法·九变》特别强调前线将领须有“君命有所不受”的便宜行事之权。《孙子兵法·谋攻》归纳总结了身处后方或大本营的君主乱指挥可能造成的三种后果：“不知军之不可以进而谓之进；不知军之不可以退而谓之退，是谓縻军。不知三军之事而同三军之政者，则军士惑矣。不知三军之权而同三军之任，则军士疑矣。三军既惑且疑，则诸侯之难至矣，是谓乱军引胜。”大意是，不了解军队不可以前进而硬让军队前进，不了解军队不可以后退而硬让军队后退，这叫作束缚军队；不了解军队的内部事务而去干预军队的行政，就会使将士迷惑；不懂得军事上的权宜机变而去干涉军队的指挥，就会使将士疑虑。军队既迷惑又疑虑，那么诸侯列国乘机进犯的灾难也就到来了。这就是所谓自乱其军而让敌人取胜。孙武由此断言，“将能而君不御者胜”。管理上的高效能其实与用兵上的机动性是相通的。《商君书》提出：“十里断者，国弱；五里断者，国强。以日治者王，以夜治者强，以宿治者削。”“里”是古代居民行政单位，通常五家为邻，五邻为里。在商鞅看来，政事在十个“里”之内才能做出决断的，国家就弱；在五个“里”之内就能做出决断的，国家就强。白天就能高效处理好政务的国家就能称王天下；当夜才能处理好政务的国家就强大；要等到第二天才能处理好政务的国家就会被削弱。现代公司管理决策又何尝不是如此呢？企业家任正非认为，“谁来呼唤炮火，应该让听得见炮声的人来决策”。打不打仗，后方决定；怎么打仗，前方说了算。华为要求根据环境变化随时变换阵型，“由前线指挥后方，而不是后方指挥前线”。任正非认为，未来的企业竞争不是“司令的战争”，而是“班长的战争”，因此要把“决策权根据授权规则授给一线团队，后方起保障作用”。那么公司组织流程就要倒过来做，组织运作机制要从“推”的机制逐步转换到“拉”的机制，或者说“推拉结合，以拉为主”的机制。“推”的时候是自上而下的，无法分辨无用流程和无效岗位，而“拉”的时候就很容易发现哪一根绳子不受力，断然剪去，裁撤相关部门和人员就可极大提升组织效率和决策效能。

决策应变力强调，任何决定，哪怕是“英明”决策也不可能一劳永逸，贵在根据时势变化随时调整，根据实施反馈及时纠错。决策应变力的重要实现路径是领导者自我批判，用古代先贤的话说就是自思自省。这一个“省”字至关重要。事实上，组织领导者态度谦逊地向同僚或下属征求意见，所收集的信息大概率还是主观的、片面的。这时只有领导者主动把自身客体化，分离出一个“反思的自我”来观照“现实的自我”，才能收获真正不带偏见的认识。《战国策》记载的齐国贤士邹忌的经历就充分说明了这一点。邹忌身材魁伟，相貌堂堂，揽镜自照不免心生得意，于是分别向妻子、小妾及宾客征询自己与当时齐国出名的美男子徐公相比“孰美”。结果妻、妾、客人异口同声地表达了徐公“远不及君”的意思。邹忌没有在一片赞扬声中飘飘然忘乎所以，而是保持了头脑清醒。在得见徐公本人后，他大大方方地承认自己相形逊色。更为难能可贵的是，邹忌清夜自思，领悟到“吾妻之美我者，私我也；妾之美我者，畏我也；客之美我者，欲有求于我也”，故而这些顺耳的话都当不得真。由此不难推论，组织中位高权重者几乎无可逃避的命运就是被蒙蔽而不自知，除非他有勇气把批判的矛头从对外转向对内，从对人转向对己。自我批判的最大挑战在于其“逆本能性”，诚如孔子当年发出的感慨：“已矣乎！吾未见能见其过而内自讼者也。”（《论语·公冶长》）所谓“内自讼”，就是无须别人提醒或者批评，自己就能发现自己的不足，并深自克责。

自我批判的根本目的就是决策者不回避、不粉饰真实世界所发生的实际变迁，以更好地面对变化并采取因应行动。对于商业领域乃至各类组织领导者来说，自我批判精神与求真务实态度都有助于提升决策应变力，是极具竞争力的武器。每当企业经历过重大事件，无论成败得失，都应复盘，也就是将事件过程重新演练一番，严肃审视初始目标是什么，决策是否正确，执行是否到位，边界条件是否有所变化，这样才能真正从事件中有所收获。管理者要不厌其烦地事后静心细思哪步是好棋，哪步是臭棋；在成功时不要忽视客观原因，在失败时不要回避主观原因。复盘就是要决策者发现并分析预期与结果之间的差异，不断通过自我反思反省活动，逐步达到更高的战略洞见层次。

宁高宁近年推出了作为其企业管理经验结晶的《五步组合论》，书中《你行吗》一文中用 134 个问题追索职业经理人的素质要求。其中涉及尖锐但不容回避的反躬自省，比如，“你能自嘲吗？”“你敢反思批评自己吗？”宁高宁解释，管理者做了错误决策后会对团队成员说，“对不起，我错了，还是你说得对”，这样的胸怀和态度，是真正职业经理人的必备素养。出色的企业一把手必须勤于反思、自我批评，在系统思考中提升决策水平。

应当看到，影响各领域管理者充分发挥决断力的主要思想和心理障碍是追求完美与恐惧失败。只有放弃“要做到完美”这个执念，才能接近完美。领导者决策活动所犯的绝大多数错误的根源恰恰是不敢尝试新的可能性。试错至关重要，企图消灭错误并不明智，反而会令领导者无法看清前进的方向。决策者如果要在做出决定之前把一切可能都弄得一清二楚，就无法做出任何决定。华为的管理实践充分说明了这一点。任正非认为，没有人一贯正确，没人能保证决策必然成功。华为的管理没有秘密，除了自我批判。在任正非看来，常胜将军是不存在的，将军如果不知道错在哪里，就永远不会成为将军。任正非称华为并未追求完美，因为“追求完美就不可能有增长点”，公司就会萎缩，走向死亡。他在《要从必然走向自由》一文中提出，“英特尔公司前 CEO 安迪·格鲁夫的‘只有偏执狂才能生存’的观点，还应加上一句话，要善于自我批判，才能生存”。任正非曾形象地说：“当花儿开的时候，花蕾没有了，我们不要悲观，花蕾总要长大的。当花儿谢了，果子长出来了，我们也不要失望花儿没有了。任何否定之否定，都会伴随新的生命成长。”华为正是通过数十年毫不松懈的自我批判从“花儿”变成了“果实”。

敢于主动举起“自我批判”武器的领导者是真正的强者，而不是惧怕挫折的懦夫。任正非认为“从泥坑里爬起来的是圣人”。孔夫子早就讲过“君子求诸己，小人求诸人”。领导者无论遭遇任何难题，都要首先反躬自省，不怨天不尤人，提升自身的决策应变力。

第五章
决策实施

不付诸实施的决策，是毫无意义的决策。首先，中国古代先贤把人的因素摆在第一位，这是基础，没有得力的干才猛将，再好的决策也只是一纸空文。其次，领导者必须建立信任、储蓄信用和铸造信念，这是关键。最后，监督考核必须跟上，这是保障，没能落地的决策至多只是良好的愿望。

第一节　为政在人

《中庸》记载，子曰："人道敏政，地道敏树。夫政者，蒲卢也。故为政在人。"朱熹注曰："以人立政，犹以地种树，其成速矣，而蒲苇又易生之物，其成尤速也。言人存政举，其易如此。"朱子的注解使孔子的话更清晰易懂。孔子以长得快的"蒲卢"比喻治理之道，地道与人道相应贯通，地之道是让树木尽快成材，人之道是要把政事，也就是决策尽快落实。对于何谓"为政在人"，汉代郑玄注为"在于得贤人也"，非常精当。不过，在实际政治运作中，"贤人"很可能达不到《中庸》"苟不至德，至道不凝焉"的完美标准。更为重要的是，被任用的贤能之才本身也处在复杂的政治环境中，因此高层决策者必须以极大的智慧与定力为一线决策执行者排除各种震荡或干扰因素，使其人尽其才，不辱使命。也就是说，决策者的选贤任能仅是决策成功实施的必要起点，巨大的阻力和挑战将贯穿决策落地全过程。

被梁启超誉为"明代唯一的大政治家"的张居正力推"万历新政"，在整军经武、巩固国防的重大决策实施中成就了一代名将戚继光。张居正在《陈六事疏》中指出，"臣惟当今之事，其可虑者，莫重于边防。庙堂之上，所当日夜图画者，亦莫急于边防"，而最大时弊恰恰在于"将帅不得其人"。张居正在成为内阁首辅，主持军政大事后，高度重视选将和用将。如果纯粹从儒家道德标准考量，戚继光在节操上绝非毫无瑕疵。《明史》比较戚继光和俞大猷，评价戚"操行不如而果毅过之"，明确的肯定和委婉的批评兼而有之。张居正对戚继光的长处和短处都有深切的了解而能用人所长，视戚为非常之人又责之以非常之功。在张居正的鼎力支持下，戚继光取得赫赫战功，“御台、温数千之贼，擒剿无遗；功屡建于浙东，名亦闻于海外”。戚继光在台州一带取得抗倭陆战七捷、水战五捷的战果，当时台州百姓“共倚为长城”，浙东地区“实资其保障”。为贯彻巩固边防决策，张居正将戚继光从抗倭前线调往蓟州防区，责成其拱卫京师。从隆庆二年（1568 年）直到辞世的 15 年间，张对戚的重用、保护和教诲从未间断。张居正在隆庆五年（1571 年）致湖广巡抚信中提到戚继光功高招忌，“数年间大忤时宰意，几欲杀之，仆委屈保全，今始脱离水火”。宦途艰险，文武官员矛盾和南军北军矛盾（所谓“北人激愤于南兵久矣”）错综纠葛，戚继光幸有张居正始终如一的支援和倚任，才得以全功保身。黄仁宇在《万历十五年》中提及，戚继光奉调北上后，凡是故意和戚继光为难的文官，都被张居正不动声色地陆续迁调。针对戚继光傲上好胜、过分计较礼仪规格的毛病，张居正在朝廷大员巡视边防军务时及时致信提醒，发出“足下自处，又且务崇谦抑，毋自启侮”亲切而又严肃的叮嘱。对张居正“付托得人，将帅效命，假之以事权，凛之以三尺（规矩或法律），藏数十万甲兵于胸中，而指挥于数千里之外，进退疾徐，洞若观火，故能奠安中夏（华夏大地），垂及十年”的评价是比较公允的。这表明，决策者是在与自己精心挑选的得力执行者的紧密互动中才最终实现决策落地的。

张居正在万历初年大兴改革的根本目的是富国强兵，也是其一切重大军政决策的旨归。有趣的是，张居正对戚继光和著名廉吏海瑞的态度正好相反：对于边庭手握重兵的戚继光是用人不疑，哪怕物议汹汹；对海瑞则是顶住压力坚决不用，哪怕当朝吏部尚书保荐亦驳回。海瑞一生中最著名的事迹是冒死直谏嘉靖皇帝。他提前买好了棺材，然后向天子呈上《治安疏》，批评皇帝迷信巫术、生活奢华、不理朝政等弊端。特别是奏疏中竟出现“盖天下之人不直陛下久矣”的极端措辞，意思是，普天之下的官员百姓已经容忍走在错误道路上的你很久了。据说嘉靖帝读后勃然大怒，把奏疏扔在地上，对左右侍从说：“快把他逮起来，不要让他跑掉。”一旁的宦官连忙跪奏：“这个人向来有愚名。听说他上疏之前，自己知道冒犯该死，买了一个棺材，和妻子诀别，奴仆也四处奔散没有留下来的，他自己是不会逃跑的。”嘉靖帝听了一声长叹，又从地上捡起海瑞的奏本一读再读，在明史中留下一句“此人可方比干，第朕非纣耳”。从此，海瑞成为民间颂扬的“硬骨头”象征性人物。不过，张居正的用人原则是贵实行、办实事、求实功，也就是以实学思想为指导。在他看来，真正有价值的只能是经世致用的学问，以“安民生，饬军政为急”，而海瑞的最大问题在于有政德而无政绩。嘉靖死后，鉴于海瑞的崇高清誉，时任首辅徐阶决定予以重用，授任其为南直隶巡抚，驻扎苏州。那里本是经济发达的富庶地区，结果海瑞到任仅八个月就被迫黯然下台。其中当然有文官集团内部矛盾斗争的因素，但也不能排除海瑞个人确实不长于治理地方。海瑞下车伊始就公布了所谓“督抚条约”三十六条，包括严令境内成年男子一律从速结婚成家，不愿守节的寡妇应立即改嫁等。海瑞还要求：自条约公布之日起，境内的若干奢侈品要停止制造，包括特殊的纺织品、头饰、纸张文具以及甜食。这些举措并不利于当地商品经济的发展，一些缙绅之家为避祸，纷纷把朱漆大门改漆为黑色，甚至举家搬迁，造成税源大量流失。有监察官员参劾海瑞不识大体，仅重细枝末节；还有人参劾他单凭一己冲动随意裁决百姓产业，在其治下，穷人和富人如发生纠纷，不论法理，富人必输。结果吏部综合各种参劾奏疏提出研判意见，认为海瑞实为“志大才疏”，宜调任闲曹。应当公正地说，海瑞不失为一个理想化的传统道德楷模，但张居正秉政后急需的是能贯彻实现内阁“为富且强”决策的干员，重视的是“孔子论政，开口便是‘足食足兵’”，这两方面都非海瑞所长。如此说来，海瑞在张居正秉政期间一直投闲置散，也就可以理解了。

为政在人，古今中外同理。比尔·盖茨说：“如果把我们公司20个顶尖人才挖走，那么我告诉你，微软会变成一个无足轻重的公司。”柳传志说：“企业一把手跟下级员工之间的关系，就是大发动机跟小发动机的关系，你所带动的不是齿轮，不是螺丝钉。员工也可以成为一个发动机，而且跟你同步。如果能够做到这样，这个企业活力就非常大。”华为认为大仗、恶仗、苦仗必出干部，主张“要容忍一部分英勇的人有缺陷”，余承东就是其中的典型代表。

华为的无线产品，尤其是3G基站，是余承东带领的团队研发的。而且，无线产品研发部门自己组建市场队伍，以勇气、耐心和创意撞开了欧洲市场的大门。欧洲是 WCDMA 的老家，是诺基亚、西门子、阿尔卡特、爱立信的大本营。欧洲运营商认为 3G 等于高投入、高产出，而华为名不见经传，所以连投标的机会都不愿给。在吃了几个月的“闭门羹”后，终于有一家濒临破产的荷兰小型运营商 Telfort 愿意与华为合作。在亲临一线与客户沟通过程中，余承东发现，彼时国际上的 3G 基站设计十分笨重，运输都要靠吊车，这也导致维护成本很高。他当机立断，表示要带领团队研发一个分体式基站。当时的 Telfort 并不相信华为有这个实力，因为通信巨头爱立信、诺基亚都没有这样的小型机柜产品。余承东带领 100 多位中外开发人员每天工作十多个小时，硬是在承诺期限内把高性能、低成本的“分布式基站”变成了现实。这一被业界称作架构型的颠覆性产品成为华为突破并全面覆盖欧洲市场的利器。2012 年，华为与欧洲 15 大运营商中的 12 家签下了订单，在欧洲无线通信市场的占有率高达 33%。

当余承东在欧洲市场干得风生水起之际，任正非一纸调令将他召回负责终端业务。在此之前，华为的手机业务已经换了三任高管。尽管在运营商服务领域，华为已是当之无愧的冠军，但在终端领域，却无疑是个“门外汉”。最初几年，华为生产的大多是贴牌机，但随着国内 3G 的普及以及越来越多的高性能品牌手机出现，华为手机的出货量出现萎缩。余承东新官上任，一口气砍掉了 90% 的贴牌机、功能机以及低端机业务，立志进军高端市场。余承东的这一决定，让华为手机出货量一下少了 3000 万台，营业收入急速下滑。公司内部为此产生不同意见，对余承东的决策质疑颇多。但余承东绝不认输，他尝试开通自己的微博账号，与消费者直接沟通；要求设计开发员工离开电脑屏幕，去店里体验促销员的工作，亲耳听一听客户是如何吐槽华为手机的。2013 年 6 月，投注了余承东及其终端业务团队全部心血的华为 P6 正式发布，机身只有 6.18 毫米厚，成为当时全球最薄的手机。在 P6 之前，华为手机的最高销量从未超过 100 万部，而这一次，在发售之前就准备了 300 万台。那年华为 P6 最终卖出 400 万部，余承东“打了漂亮的一仗”。华为手机在 2019 年出货量更是达到 2.4 亿台，取得国内销量第一、全球销量第二的佳绩。

余承东深知自己东冲西撞的性格特点，他不止一次表示过，任正非给了他许多支持。

第二节　立信无价

对领导者来说，信用资产是第一无形资产，是影响决策能否顺利实施的关键性因素。《论语》里有“信近于义，言可复也”的话，“义”就是合宜，有了信义，才能进一步打交道。所以，孔子强调“人而无信，不知其可也”。孔子把“信”列为君子必须具有的品德，所谓“信以成之，君子哉”。为此，“子以四教，文、行、忠、信”，其中“信”始终是孔子眼中重要的君子修养目标和道德标准。儒家讲的“诚”重在不欺己，“信”重在不欺人，人与人之间要以诚相待，信守诺言，做到言而有信。从现代新制度经济学的角度看，这种彼此信任关系的建立有助于降低社会经济政治活动主体的交易费用和决策成本，从而促进决策落地。

应当看到，儒家和法家对于信的看法是有本质上的区别的，儒家把诚信视为君子立身之本，是目的论的致思路径，法家则突出信的“威信”内涵，是手段论的理路。

商鞅“徙木立信”就是一个典型案例。商鞅游秦成功后，被秦孝公提拔为左庶长，进入高级官员序列。商鞅在起草好一系列新法文件即将颁布时，对于推行效果有些担心，毕竟基础性的政府信用尚未建立起来。于是商鞅派人到国都南门立下一根三丈长的大木杆，并当场宣布，凡是能将这根大木杆搬到北门的，就赏十金作为奖励。大木杆周边围了里三层外三层的人，大多是来看热闹的。老百姓害怕其中有诈，没有一个人愿意出来搬大木杆。商鞅于是宣布将赏金提高到五十金。围观的百姓顿时沸腾了，有位壮汉从人群中冲了出来，扛起大木杆向北门而去。商鞅随着人流跟从壮汉的脚步来到了北门，当即兑现赏金，表明令出如山、言而有信。这起精心制造的舆论事件在秦国街谈巷议，被广泛传播。商鞅这才不失时机地正式公布了变法法令。金钱有价，威信无价，“小信成则大信立”，这个“大信”就是政府公信力，是变法的决策得以实行的必要条件。

立信无价的“信”除了信用内涵，还有信任之义。“信用”和“信任”均为日常用语，但有必要严格辨析。信用是社会经济政治主体的一种理性行为，突出的是承诺和履行承诺的客观能力；信任通常指的是对某人或某集团是否诚实和可信赖的满意度投票，突出的是“相信而敢于托付”的主观意愿和认知判断。上下级良好信任关系的建立，对于上级决策的贯彻实施至关重要。

《吕氏春秋》中记载的名将乐羊“谤书盈箧”的故事就充分说明了这一点。“魏攻中山，乐羊将。已得中山，还反报文侯，有喜功之色。文侯知之，命主书曰：‘群臣宾客所献书者，操以进之。’主书者举两箧以进。令将军视之，书尽难攻中山之事也。将军还走，北面再拜曰：‘中山之举，非臣之力，君之功也。’”大意是，乐羊攻克中山国后，回师向魏文侯报告，流露出志得意满的骄傲神色。魏文侯察觉到了，就吩咐主管文书的官吏：“把群臣和宾客的书信，都取来献上。”这位官吏搬了两大箱告状信进来。魏文侯让乐羊阅览这些书信，内容无一例外全是激烈抨击乐羊的。乐羊马上转身后退几步，向北再拜：“攻下中山国，不是我的功劳，是君主您的功劳。”显然，假设乐羊三下五除二就拿下中山，群臣也就没有机会在魏文侯面前说三道四，但问题是这一仗足足打了三年，各种反对意见随之酝酿发酵。不难想见，这些非议要么是怀疑乐羊的指挥能力，要么就是质疑其忠诚度，前者尚属军事范畴，后者就属于“要人命”的政治范畴了。当这类谤议声如排山倒海般涌来的时候，绝大多数君主是扛不住的。诚如《吕氏春秋》所评论的，如果不是魏文侯主事，“中山之不取也，奚宜二箧哉，一寸而亡矣”。意思是，换了别的君主很可能会接受反对意见而认为中山国不可攻取，哪里用得着两大箱控告信，只需一寸长的书信就足以让乐羊功败垂成。决策者与实施者之间的互信比黄金更珍贵，对于艰巨的长周期任务来说，尤其如此。

在重大决策实施过程中，领导者个人信念的力量、意志的力量有时候能够起到扭转乾坤的作用，会形成所谓“现实扭曲力场”。因此，立信无价之“信”还有信念之义。明代文人统帅于谦成功组织实施“北京保卫战”的过程便体现出当胜利成为一种坚强信念时所能释放的巨大力量。正统十四年（1449 年）七月，明朝主力部队在土木堡遭遇惨败。这一仗直接导致当朝天子正统帝被俘，二十万精锐死伤过半，举国人心惶惶。巍巍朝堂之上，有大臣建议迁都南京。对此，于谦厉声斥责：“言南迁者，可斩也。京师天下根本，一动则大事去矣，独不见宋南渡事乎！”于谦力主保卫京师，终于得到监国郕王（即后来的景泰帝）的支持，“王是其言，守议乃定”。当时的境况非常艰危险恶，“京师劲甲精骑皆陷没，所余疲卒不及十万，人心震恐”。于谦临危受命为兵部尚书，马上着手整饬军备，部署要害。“当是时，上下皆倚重谦，谦亦毅然以社稷安危为己任”，于谦成了实际上的帝国主心骨。这时蒙古首领也先挟持着正统帝攻破紫荆关，进窥京畿。有将领建议收兵固守，待敌兵劳累衰竭时再战。于谦断然否决，“奈何示弱，使敌益轻我”。于谦旋即分遣诸将，率师列阵于九门之外，史载：“以部事付侍郎吴宁，悉闭诸城门，身自督战。下令，临阵将不顾军先退者，斩其将。军不顾将先退者，后队斩前队。”于谦把兵部的事交给了侍郎吴宁，将各城门全部关闭，自己亲自督战。这场战争，于谦必须赢，大明必须赢！所有人都清楚，关闭城门的潜台词就是死战退敌，方有生路。于谦下令：“临阵将领不顾部队先行退却的，斩将领；军士不顾将领先退却的，后队斩前队。”这可谓 15 世纪大明版的“没有退路，就是胜利之路”。于史有载：“初，也先深入，视京城可旦夕下。及见官军严阵待，意稍沮。”大意是，也先部队深入，最初以为明军还像土木堡时那样不堪一击，似乎攻陷北京只在旦暮之间，不料明军秣马厉兵、严阵以待，也先颇有些沮丧。可以说，于谦两次战胜了强大的对手也先，第一次是在内心中，第二次才是在战场上。“北京保卫战”是一个关于最高效率做出防卫反击决策并付诸实施的历史案例，是一个人以及一个城市在绝境下坚守必胜信念并最终取得胜利的英雄传奇。

成功的现代企业家，高度重视“三信”，即信用、信任和信念在公司决策及其落实中所起的重大作用。比如马云提到的两家企业：一个是 GE（通用电气），另一个是迪士尼。GE 在 100 多年前创建，那时爱迪生发明了电灯泡，因此公司的第一个使命就是“让世界亮起来”。那个时候的电灯泡，大概只能亮两三分钟。所以每个人，从老板到员工，都希望这光亮能延长到二十分钟。加入这家公司的人充满着荣耀感——我的工作是让这个世界亮起来。GE 后来不断拓展，但一切都围绕着电气。迪士尼的使命是“让世界快乐起来”，所以迪士尼最早招进来的员工都是乐观开朗的人。迪士尼的戏剧、电影，所有东西都是让大家开心的。企业家一定要想明白自己到底有什么、要什么，然后所有的人围绕这个共同的使命展开工作。阿里巴巴的使命是“让天下没有难做的生意”。

华为公司认为客户是根据产品和服务质量来决定是否接受和信赖一家企业的，因此把质量视为竞争的入场券，视为公司不可动摇的信用基石。品牌就是承诺，其核心是诚信，“脚踏实地地做好每一个点，然后口口相传把品牌建立起来”。也就是说，真正的品牌不是宣传出来的，而是通过员工的每一个具体行为来实现的。任正非要求公司高端产品要做得既先进又可靠，“我总担心若瘫掉几个局点，在世界上如何交代？你们今天讲服务，我也很担忧。……我们现在一路高歌猛进，扛着旗往前冲，若忽视反思薄弱环节，别人若在山腰位置拦断，将全军覆没。所以我们既要迅猛前进，也要高度重视质量、重视服务，进而推进各个体系的建设”。华为早在 1998 年发布的“华为基本法”中就特别强调质量为公司立业之基，这一理念在华为的发展过程中一直被高度重视。然而，要做好各个环节的质量工作并不容易。华为研发体系曾在 2000 年 9 月组织了 2000 多人参加的“中研部将呆死料作为奖金、奖品发给研发骨干”大会。把研发中由于工作不认真、测试不严格、盲目创新等产生的呆死料单板器件，把那些为了去现场“救火”产生的机票费用，作为“奖品”发给研发系统的几百名骨干。华为公司还进一步深刻认识到，质量是一种文化特征。不养成精益求精、一丝不苟的质量文化，就不可能有好产品、好服务。不断发展的过程中，公司更加重视物质奖励与非物质激励（荣誉）相结合，更加关注工匠氛围（传承与沟通）的营造。可以说，质量信用第一的文化氛围也是一笔宝贵的管理资源。

华为的对外产品信誉，即高端产品安全稳定运行以及中低端产品在使用寿命内不需维修，是建立在公司内部基于信任的管理上的。在任正非看来，如果基于不信任，“会造成要层层 PPT 汇报、搞承诺，使用 KPI 这个压力枷锁”。其实，华为的早期创业就是强调相互信任的，形成了“胜则举杯相庆，败则拼死相救”的共同奋斗精神，铸就了“全营一杆枪”的光荣传统。任正非反思：“现在由于 KPI 考核的不合理，使得共同奋斗精神弱化了，形成了自私，这种环境制约了群体奋斗、蜂群战术的文化。”因此，任正非要求管住边界，结果导向，精简机关，减少管理层级，凝心聚力打造诚信这个公司的核心竞争力。华为文化的真正内核就是群体奋斗。

“散则满天星，聚则一团火。”一方面，华为公司充分肯定“萤火虫”默默无闻的大力量，认定华为的光辉是由万千微小的萤火虫汇聚而成的，“萤火虫拼命发光的时候，并不考虑别人是否看清了它的脸，光是不是它发出的”；另一方面，华为也强调公司高级干部的使命在于用内心之火和精神之光点燃全体员工的信心。在任正非看来，“高级将领的作用是什么？就是要在看不清的茫茫黑暗中，带着你的队伍前进”。于是我们在华为发展史上看到：2007 年 11 月 13 日 13 时，华为 3002E 基站开通，至此珠穆朗玛峰全部登山营地和所有登山路线实现移动网络全覆盖；2003 年 5 月 21 日，阿尔及利亚发生 6.8 级地震，华为工程部员工在震后第三天按原计划完成了智能网的组接工作，极大缓解了当地震后通信资源紧张的状况；2011 年日本 311 大地震引发海啸，华为董事长孙亚芳赶赴日本，在频繁发生的余震中看望员工并与客户交流。在华为人看来，“以客户为中心，以奋斗者为本，长期坚持艰苦奋斗”是公司几十年从艰难跋涉到登上高峰的历程中悟出的“真经”，成功不过是“敢于胜利才能善于胜利”信念必然结出的“硕果”。

第三节　功当其事

谋事在人，成事亦在人。决策者不能当甩手掌柜，要在决策实施中明确监督规范，善用考核技术及合理委任授权，通过正负向激励杠杆促进决策落到实处。韩非子早就讲过领导者“一手独拍，虽疾无声”，需要“众人助之以力”。决策者不必事必躬亲，但必须牢牢抓住对执行者的奖惩标准，也就是功当其事，效当其行。

《韩非子·外储说左上》中有个含义深远的管理学寓言：“宋王与齐仇也，筑武宫。讴癸倡，行者止观，筑者不倦，王闻，召而赐之。对曰：‘臣师射稽之讴又贤于癸。’王召射稽使之讴，行者不止，筑者知倦。王曰：‘行者不止，筑者知倦，其讴不胜如癸美，何也？’对曰：‘王试度其功。’癸四板，射稽八板；擿其坚，癸五寸，射稽二寸。”宋王与齐王是仇敌，于是宋国修筑练习武艺的场所以防备齐国进犯。修筑时有个名叫癸的人引吭高歌，引得路人纷纷驻足观看，建筑工人听了也越干越带劲儿。宋王听说后，就奖赏癸。癸对宋王说："我的老师射稽唱得比我还好。"于是宋王召来射稽让他歌唱，结果走路的人像没听见似的继续走，筑土的人也感到疲倦。宋王说："走路的人不停步，筑土的人感到疲劳，他唱得明明不如你，这是什么缘故呢？"癸回答说："大王您不妨仔细察看一下我们歌唱的效力。"考核结果让宋王大吃一惊，癸唱歌时工人筑墙只筑了四板，射稽歌唱时却筑了八板；再检测一下墙的坚实程度，癸唱时所筑的墙用长矛能刺进五寸，而射稽唱时所筑的墙只能刺进二寸。显然，韩非子的寓意在于"循名实而定是非"。从今人观点看，这就是量化考核和绩效管理的思路，"循名以责实"，是用数字来核验实际功效。中国古代法家重视管理之术，这里的术不一定是人们所习常理解的那种高深莫测的心机权术，也指实实在在的考核技术和一目了然的计功体系。在韩非子看来，有了这个管理法宝，决策者就可以"有术而御之，身坐于庙堂之上，有处女子之色（脸上有少女般红润的气色），无害于治；无术而御之，身虽瘁臞（即便身体又累又瘦），犹未益也"。

韩非子主张功当其事，反对"越官而有功"。《韩非子·二柄》中讲了这样一个故事："昔者韩昭侯醉而寝，典冠者见君之寒也，故加衣于君之上，觉寝而说，问左右曰：'谁加衣者？'左右对曰：'典冠。'君因兼罪典衣与典冠。其罪典衣，以为失其事也；其罪典冠，以为越其职也。”大意是：从前韩昭侯喝醉酒睡着了，掌帽官见他冷，就给他身上盖了衣服。韩昭侯睡醒后很高兴，问近侍说：“盖衣服的是谁？”近侍回答说：“掌帽官。”昭侯便同时处罚了掌衣官和掌帽官。他处罚掌衣官，是认为掌衣官失职；他处罚掌帽官，是认为掌帽官越权。韩昭侯这里运用的是典型的法家“课能之术”，用今天的话说就是要求严格执行“岗位责任制”，这当然有利于上级决策的执行实施。

在决策者对执行者的奖惩力度的把握上，韩非子主张厚赏重罚之术。重罚可以杀一儆百，那么为什么要厚赏呢？其内在逻辑是一致的。韩非子认为：“厚赏者，非独赏功也，又劝一国。受赏者甘利，未赏者慕业，是报一人之功而劝境内之众也，欲治者何疑于厚赏。”翻译成现代语言，大意是奖励不能只下“毛毛雨”，只有当奖励切实起到激励人心作用的时候，才能形成引领性的“风向标”。有的领导者喜欢开“空头支票”，等部下真正有所成就了，却没有魄力兑现重奖。比如历史上叱咤一时的项羽，他对部属不可谓不关爱，真到了论功行赏的时候却往往把准备好的官印攥在手里，棱角都磨平了还是舍不得发给功臣。反观刘邦激励特殊人才的手段，同样一个韩信，在项羽那边不过是一名低级武官执戟郎，到了刘邦那里成为统领千军万马的大将军。到了楚汉相争僵持阶段，韩信借口平定地方要求做代理齐王，刘邦在张良、陈平建议下封他做了真齐王。在一定程度上，项羽败亡的历史命运就此注定。对于企业领导者来说，要想使决策部署走出总部围墙，奖惩之术是断然不可忽略的。

基于韩非子的法家管理学，要引导约束决策实施过程中的执行者沿着“功当其事”的正确轨道行动，除了需要领导者灵活掌握的“术”治，还需要“法”治。韩非子把“术”定义为管理者因任而授官，循名而责实，操奖惩之柄，课属下之能；把“法”定义为“宪令著于官府，刑罚必于民心，赏存乎慎法（慎重执行法令），而罚加乎奸令（公然违反法令）者也”。韩非子强调通过行为规范标准对决策执行者进行行为约制，这个标准必须明确、统一，具有可操作性。韩非子打了个非常生动的比方，即“法如朝露”，法应当是高透明度、易知可行的。

明代张居正之所以十年改革成就斐然，各项改革举措得以在基层有效贯彻，与他在万历元年（1573 年）就大力推行“考成法”密切相关。其实，明代一直有对官吏政绩进行考核的制度，京官每六年“京察”一次，地方官每三年一次“大计”，但这些规定往往徒有形式，张居正痛切认识到不仅要对各级官吏定期考核，更要使其所办各事均按期办妥。“考成法”的根本特点在于立限考事、以事责人。据统计，在张居正主政的十年间，因为实行考成法而被裁撤的官员竟然占到了官员总数的三分之一。正德、嘉靖以来法度不行、功过不明的废弛之政“渐次修举”，原来近乎瘫痪的国家机构开始有效运转，各项改革政令“虽万里之外，朝下而夕奉行”。以整顿赋税的新政为例，“考成一事，行之数年，自可不加赋而上用足”。考成法无疑是一着妙棋，但其之所以能产生一扫明代官场积弊的“神奇”效果，恰是因为它不是单独发挥作用的。张居正统揽全局，亲自主持修订、充实与整饬吏治相关的律法条例，是提升整个官僚体系执行力的源头治理之举。在张居正的积极推动下，作为《大明律》子法的《万历问刑条例》问世。其主导思想是驱吏从严，执法从重。人浮于事，历来为妨害高层决策实施的顽症。韩非子讲的“滥竽充数”的寓言妇孺皆知：战国时期的齐宣王喜欢听很多人一起吹竽。在他的三百名吹竽手中有个冒牌演奏家南郭先生装模作样，混在其中。后来，齐宣王死了，齐湣王继位。他更喜欢听单人吹竽。于是湣王便命三百个吹竽手齐集宫中，一个一个轮流吹给他听。这个南郭先生因害怕露出马脚，早已逃之夭夭了。新修《万历问刑条例》中就有针对南郭先生式冗员的制度性预防举措，“官有额定员数”“额外滥充者，杖一百迁徙”。这就是说，官员中的“南郭先生”将无法再诿过卸责，而要受到律法的严惩。

从韩非子法家管理学出发破解决策执行难还要抓住“势”字，学会“势”治。韩非子讲的“势”相当于今人所谓领导权威，表现为以上率下的权力和影响力。“势”本身是中性的，“夫势者，非能必使贤者用已，而不肖者不用已也。贤者用之则天下治，不肖者用之则天下乱”。这就是说，即便是贤能之士，要想建功立业也必须有强有力的势位作为支撑。韩非子在理论上把“势”划分为自然之势（来自继承）和人设之势（来自主动设计构造），强调的重点在于后者。领导者要善于主动造势，通过合理委任授权，实现“尽人之智”，确保决策实施落地。在中国古代不间断的治河史上，张居正鼎力支持“少数派”水利专家潘季驯完成轰轰烈烈的整黄治淮工程，成为一段佳话。潘季驯在长期治水实践中摸清了黄、淮及大运河的运行规律，依据黄河本身特点，突破了长期以来被奉为圭臬的分疏之法，大胆提出“筑堤束水，借水攻沙”的治河理念。潘季驯在《两河经略疏》中提出，只要黄河主流水量充沛、流速够快，就足以将泥沙带进大海，所以应果断采取筑堤塞河的方法，让黄河水自行解决下游淤塞的难题。要实现这一宏大构想，必须克服一系列困难。其一是工程浩大，耗资巨大；其二是反对声甚嚣尘上，“今日之事不难治河而难众口”；其三是有关官员消极对抗。所幸张居正执掌中枢，给予潘季驯毫无保留的支持。张居正一方面命令户部、工部及时足额拨付大笔水利建设资金，从财力上支持治河新思路的实行；一方面授予潘季驯检举大权，如遇执行不力的官吏，可越过地方直接向朝廷专疏弹劾，从体制上保障潘季驯顺利开展工作。由于最大限度地清除了掣肘扯皮障碍，再加上张居正和潘季驯等人的共同努力，规模浩大的黄淮“两河”工程在万历七年（1579年）十月大功告成，距离开工仅一年。

任何大型工程的成功都不是决策者个人的英雄故事，任何企业的成功都不是创始人一个人的奋斗史，它们是上下协同、化愿景为实景的生动实践过程。阿里公司的管理决策“三板斧”分为上下两个部分：上三路是使命、愿景、价值观，相当于一个人的“头脑”；下三路是组织、人才、KPI（关键绩效指标），相当于一个人的“脚”。“这个脚的配合极其关键”，如果上下不配合，这个战略决策就是假的。华为公司也提出人力资源体系要导向冲锋，要让队伍持续奋斗。如何才能让一支队伍持续不懈地奋斗呢？任正非认为考核方法是关键。华为公司计功体系的突出特色在于一切组织行为都以客户满意度作为评价依据。客户满意是指其需求被超出期望满足时的心理感受。华为会根据第三方客户满意度调查结果责成各业务部门改进工作。任正非多次强调，企业是功利性商业集团，必须拿出让客户满意的产品和服务。因此整个公司的价值评价体系，包括对中高级干部的评价，都要考核客户满意度。成就客户，就是成就华为自己。客户满意了，才会不断购买华为的产品。道理就是这样简单。华为规定："凡不能达到公司人均效益提升改进平均线以上的，体系团队负责人，片区、产品线、部门、地区部、代表处等各级一把手，要进行问责。超越平均线以上的部门，要对正利润、正现金流、战略目标的实现进行排序，坚决对高级管理干部进行末位淘汰。"任正非认为，公司的末位淘汰制度主要针对行政管理者，而不是针对普通员工，要坚决改变过去那种"刑不上大夫"的做法。在任正非那里，干部建设的核心问题是做实，公司一定要铲除沉淀层、夹心层、落后层。任正非要求严格确定流程责任制，"充分调动中下层必须承担责任，在职权范围内正确及时决策；把不能承担责任，不敢承担责任的干部，调整到操作岗位上去；把明哲保身或技能不足的干部从管理岗位上换下来"。任正非清醒地认识到，"重大战略问题关注的是一个漫长的时期，高层的决策可能正确，但在攻取一个山头的问题上，高层未必比听到炮响的领导更正确，所以公司要把这个指挥权下放"，也就是说，指挥所要建在听得见炮声的地方。实践证明，这有利于华为公司激发组织活力，有利于祛除自身"大企业病"，最终有利于贯彻落实公司发展大战略。

第六章

决策评价

“不谋万世者，不足谋一时；不谋全局者，不足谋一域”，中国古代先贤反对从解决当前急迫问题的视角判断重大决策的成败得失，而主张着眼长远和全局，坚持历史主义和生态主义的评价标准。

第一节 当代之功与千秋之利

决策的反面是不做任何决策。在一些决策者看来，如果不做任何改变也天下太平，又何必节外生枝。决策的确并非越多越好，但如果继续保持现状会导致局势恶化，就必须做出决断了。一直“四处灭火”的晚清朝廷在1871年又一次坐不住了。这一年，沙俄武力侵占新疆伊犁地区。其实，早在1864年，新疆各地已豪强并起，出现了割据纷争的混乱局面。清政府当权者却闭目塞听，对阿古柏的势力和沙俄的狼子野心更没有防备，直到俄军悍然侵占伊犁，才后知后觉地摆出解决新疆问题的姿态。左宗棠时任陕甘总督，以其战略家的敏锐和高瞻远瞩，对沙俄垂涎伊犁的意图早有认识，对应对之策也早有长远考量。左宗棠看出：“俄人久踞伊犁之意，情见乎词。……然既狡焉思启，必将不夺不餍，恐非笔舌所能争也。”他还在回复总理衙门的信中提出规复新疆的具体方案：“就兵事而言，欲杜俄人狡谋，必先定回部（指南疆）；欲收伊犁，必先克乌鲁木齐。如果乌城克复，我武维扬，……形势既固，然后明示以伊犁我之疆索，尺寸不可让人。”意识到新疆问题的急迫性、严重性后，清政府执政者最初的反应依然是循成例决策和小圈子选人。清朝自乾隆以来，主持新疆军政的伊犁将军和乌鲁木齐都统历来都是满族亲贵。阿古柏和沙俄军队先后入侵新疆，清政府仍然把收复失地的希望寄托在伊犁将军荣全和乌鲁木齐都统景廉身上。但正如左宗棠所分析的：“荣侯（指荣全）深入无继，景都护（指景廉）兵力本单，后路诸军久成迁延之役，兵数虽多，仍多缺额，且冗杂如常，并无斗志，望其克复要地，速赴戎机，实无把握。”外患频仍，当清政府终于开始重视并谋划部署收复新疆时，日本于1874年入侵台湾，东南的海防问题又浮出水面。清政府内部意见分歧，莫衷一是，一场关于海防和塞防的国家防务决策大辩论由此展开。

先说“海防派”。这一派以李鸿章为首。他在《筹议海防折》中提出停撤西北“已经出塞及尚未出塞各军”，并主张“停撤之饷，即匀作海防之饷”。至于新疆，李鸿章提出以抚代剿、虚与委蛇，实质上就是放弃新疆。显然，李鸿章是把海防与塞防置于非此即彼的二元性选择中，大致就是后来左宗棠所批评的“画地自守”的狭隘决策思路。在李鸿章看来，新疆地理位置特殊，北接沙俄，南近英属印度，“即勉图恢复，将来断不能守”，而评估中国当时的实力，“实不及专顾西域”。所以，李鸿章便把新疆作为国家防务战略大棋局的一颗弃子，“新疆不复，于肢体元气无伤；海疆不复，则心腹大患愈棘”。

次说“塞防派”。这一派的代表人物是湖南巡抚王文韶。他认为“塞防”是首要任务，“海防”可以暂缓，“宜以全力注重西北，我师迟一步，则俄人进一步，我师迟一日，则俄人进一日，事机之急，莫此为甚”。由于李鸿章时任文华殿大学士兼直隶总督，部分中央大员（如光绪帝生父、醇亲王奕譞）和地方督抚（如两江总督沈葆桢、福建巡抚丁日昌）纷纷附和，“海防派”明显居于上风，新疆危矣。

左宗棠坚决主张“塞防”与“海防”两者并重，“维时事之宜筹，谟谋之宜定者，东则海防，西则塞防，二者并重，决不可扶起东边倒却西边”。所谓并重，仍有缓急之分，西北强敌压境，大片国土即将沦丧，“若此时即拟停兵节饷，自撤藩篱，则我退寸而寇进尺，不独陇右堪虞，即北路科布多、乌里雅苏台等处恐亦未能晏然”。因此，西北的战略收缩“于海防未必有益，于边塞则大有所妨”。左宗棠的意见得到了军机大臣文祥的支持，“独善宗棠议，遂决议出塞，不罢兵”。1875 年，清政府最终决策海塞两防并重，由左宗棠带兵入疆平叛。这场争议算是暂时画上了句号。前述“海防派”的观点其实是隐含了强烈的利益指向的。当时中央政府税源枯竭，东南沿海诸省份财力相对充裕，足以加强“海防”而自保，如果派兵西征，则东南诸省必须承担前线的钱粮供给。李鸿章扒拉的是财政小算盘，在奏折中强调：“近日财用极绌，人所共知。……新疆各城自乾隆年间始归版图，无论开辟之难，即无事时岁需兵费尚三百余万。”左宗棠强烈反对李鸿章基于各种理由的“罢西征”“专力海防”之见，认为“吾地坐缩，边要尽失，……无益海防而挫国威，且长乱，此必不可”。他通盘谋划的是“凡所筹画，宜规久远”的总体防务之策。

左宗棠具有杰出的军事决策才能，正确提出了“先北后南”的战略指导方针，即先安定北疆（但不急取伊犁），再进军南疆。他分析新疆北高南低的地形特点时指出，“天山南北两路”“北可制南，南不能制北”。从敌我形势角度分析，阿古柏匪帮主要盘踞于达坂城、托克逊、吐鲁番一线，其在北疆的势力相对薄弱。左宗棠从北路首攻乌鲁木齐，将其作为讨伐阿古柏的重要突破口。这是别具只眼的决策，不仅比先攻吐鲁番更易取胜，而且北疆的胜利也能震慑南疆，“是致力于北，而收功于南也”，并且“自可挫其凶锋，将来下兵南路，声威已张，或易着手”。在具体战术上，左宗棠提出要“以缓行速战为义”，也可表述为“缓进急战”。“缓进”就是不仓促进军，强调构筑稳固的后方和军储基地，精心设计运兵、运粮通道，做到对敌情了如指掌。“急战”就是要求每一战都速战速决，一旦拖延，则清军在运输线漫长的新疆战事上必陷入被动。《清史稿》评价左宗棠“人多智略”“善审机”“人服其老辣”，洵非虚言。左氏深知，为求速决，必须坚持用兵“在精不在多”的原则。他坚决对西征军进行大刀阔斧的整训，裁撤冗兵，不仅整编原乌鲁木齐都统景廉所属部队，即使是对自己的主力湘军，也剔除空额，汰弱留强。左宗棠还设法调整充实清军的火力配备，为速决提供先进武器支撑，如王牌主力刘锦棠所部装备堪称最优，计有新式大炮十多门，各种枪支一千余杆。左宗棠建立了一支专业化炮兵部队——侯名贵炮队。前线指挥官也都使用了专门采办的双筒望远镜。有英人评论，左氏率领的西征军“基本上近似一个欧洲强国的军队”。左宗棠不负众望，仅用一年多时间，就指挥出关清军收复了除伊犁（于 1881 年《中俄伊犁条约》签订收回）以外的全部新疆领土。尤其难能可贵的是，《清史稿·左宗棠传》记载，其“善于治民，每克一地，招徕抚绥，众至如归。论者谓宗棠有霸才，而治民则以王道行之”。左宗棠制定了以修浚河渠、广兴屯垦、厘正赋税、更定货币、分设义塾等为主要内容的善后振兴方案，并亲力付诸实施。可见，左宗棠没有追求单纯军事意义上的建立功勋，而是展现出了政治家的深谋远虑。1877 年，左宗棠在《遵旨统筹全局折》中，首提新疆改建行省的宏图。新疆建省的必要性在于“重新疆者所以保蒙古，保蒙古者所以卫京师。西北臂指相连，形势完整，自无隙可乘”。左宗棠还进一步强调，新疆绝非荒寒之地，而是宝藏富饶之区，“至省费节劳，为新疆画久安长治之策，纾朝廷西顾之忧，则设行省、改郡县，事有不容已者”。此后，左宗棠又为新疆建省大计多次上疏，直至 1882 年第五次呈报的奏折终获批准。清政府于 1884 年正式发布新疆建省上谕。其实，龚自珍早在 1820 年就拟写了《西域置行省议》，提出了一个系统完整的对新疆的改革方案，清政府置之不理；魏源也大声疾呼，新疆应“追天顺时，列亭障，置郡县”，保障西陲安宁。左宗棠在其垂暮之年才终于见证了龚、魏夙愿的实现。左宗棠一生最大的历史功绩与新疆紧密相连。他在一片争议和怀疑声中抬棺出征，坚守誓与敌死战之决策，成功收复失地，保住了这片锦绣河山。

高瞻远瞩、行之久远的事功不仅属于政治家，也属于企业家。田涛《下一个倒下的会不会是华为》一书中有个小标题颇富意味——“百年老店，千年庙宇”，尝试探讨何以宗教之树长青而企业之花总很快凋零。其结论是华为要想可持续发展就不能搞流行的“拜资本教”或“拜技术教”，而必须坚定不移地信奉“拜客户教”。华为公司管理层高度清醒：这是一家有梦想、有追求，同时又资源有限的企业，绝不能为短期利益所动，必须紧紧围绕企业核心竞争力开展经营决策。在任正非看来，所谓战略，有“略”，才有集中度，才会聚焦，才能言“战”。回顾公司创业史，从1987年创立直到2010年重点聚焦于一件事，就是通信网络技术研发，一不搞房地产，二不搞股票，敢于将鸡蛋放在这一个篮子里面。公司认为，产品间的竞争从长期看，归根结底在于基础平台的竞争。在技术日益趋同而且客户需求日益多样化的背景下，只有依靠工程工艺管理平台支撑、依靠共用构建模块支持，才能更快速地响应新形势下的客户要求。2008年9月22日，任正非在其题为《从汶川特大地震一片瓦砾中，一座百年前建的教堂不倒所想到》的演讲中说:“谁会想到这座深山里的教堂，谁还会记起一百多年前，为这个教堂打基础的人们。……不基于一个优秀的平台，就跟不上客户需求的速度、质量。平台研发的人，就像一百多年前建教堂的人们一样，默默无闻地无私奉献，人们很难记起哪一条砖缝是何人所填。我司的基础平台，要历几代人的智慧不断累积、优化，谁说百年后我们不是第一？”这段话鲜明体现了任正非企业经营管理决策上的认识，提醒公司上下要在平台建设上注入更多的历史感和前瞻性，以构筑长期的胜利。任正非2009年4月24日在公司“运作与交付体系奋斗表彰大会”上题为《深淘滩，低作堰》的演讲，从战国时期李冰父子主持修建的水利工程奇迹都江堰说起，“深淘滩，低作堰，是李冰父子两千多年前，留给我们的深刻管理理念”。的确，都江堰迄今仍在灌溉造福成都平原，其中的原因值得深思。任正非认为:“李冰留下‘深淘滩，低作堰’

的治堰准则，是都江堰长生不衰的主要‘诀窍’。其中蕴含的智慧和道理，远远超出了治水本身。华为公司若想长存，这些准则也是适用于我们的。”在任正非看来，“深淘滩、低作堰”恰好是华为发展壮大的商业模式的生动写照。深淘滩，就是卓越经营，直到拧干毛巾中的最后一滴水，使为客户创造更多价值成为可能。低作堰，就是控制自己的贪欲，只赚取合理的利润，多让一些利给客户、合作伙伴和供应商，以获得更多为客户提供服务的可能。任正非思考企业经营决策问题总是着眼于长远，明确提出企业间的竞争实际就是管理的竞争。要战胜竞争对手，靠的一不是人才，二不是资金，三不是技术，而是管理，因为只有管理才能将这三者整合到一起形成合力。从企业决策的长期效能评价出发，任正非批评某些“企业的生命就是企业家生命”的大公司，因为一旦创始人离开，这样的公司也就难以为继了。这样的企业是悲惨的、没有希望的和不可靠的。有鉴于此，华为建立的是“以客户为中心、以生存为底线的管理制度，而不是依赖于企业家个人的决策制度”。华为公司大力推行 IPD（集成产品开发）、ISC（集成供应链）、IFS（集成财经服务）都是在力图摆脱企业对个人的依赖，使要做的事，从输入到输出，直接端到端，简洁并有效贯通，尽可能减少组织层级和决策环节，使成本最低，效率最高。任正非说：“管理学上有一个观点‘管理控制的最高境界就是不控制也能达到目标’。这实际上就是老子所说的那句话‘无为而无不为’。”华为追求的目标就是使公司达到无为而无不为的境界，好像什么也没做，公司也能前进，其依靠的是一种文化氛围和管理体系的推动。任正非有句名言，“资源是会枯竭的，唯有文化生生不息”。

第二节　天道损余补缺

《道德经》有言：“天之道，损有余而补不足。人道则不然，损不足以奉有余。”清人黄元吉的注释非常好，“天道流行，发育万物，无非一阴一阳，往来迭运，大中至正，无党无偏而已”，好就好在把中国古代儒道两家的思想精髓贯通起来加以阐释。老子从天道和人道关系入手，针砭人世间减损不足供奉有余的畸形现实，提出应效法天道自然的平衡性，与儒家讲的“极高明而道中庸”的思想原则是完全一致的。《易经·系辞上》有言“一阴一阳之谓道”。黄元吉在《道德经注释》中发挥说：“故阴极生阳，阳极生阴，阴盛阳衰则抑阴扶阳，阳盛阴衰则抑阳扶阴。”可见，老子的损余补缺的天道观不是简单的削肥补瘦的折中平均，而是要求决策者要善于协调统对立的双方，使之不要在激烈冲突中两败俱伤、走向毁灭，而是要谋求相反相成、互为弥补、互为进益。所以老子才会强调，“有德司契（借据存根），无德司彻（租税）”，告诫决策者不可蓄怨于民，千万不要像催收租子的税吏那样斤斤计较，令人厌恶；应明明持有收债凭证却不索取，自然其乐融融，受人欢迎。从今人观点看，老子推崇的是化乖戾之争为祥和之气的生态主义决策艺术，好的决策必定是有助于实现社会生态系统总体动态平衡的决策。《战国策》中的“冯谖客孟尝君”堪称一个典型案例。

战国“四公子”之一的孟尝君对待门客不惜“舍业厚遇之”，因而门下食客多达三千人，冯谖就是其中的佼佼者。冯谖起初以怪人面目出现，乃是为了试探孟尝君的胸怀和眼光。他三番五次提出近乎苛刻的要求，孟尝君无一例外地予以满足，这使冯谖深受感动，决心不再向孟尝君索取，一心一意地等待为其效力的机会。后来，孟尝君因供养门客太多而财务捉襟见肘，需要人帮他到封地薛邑收债，冯谖主动承担了这个任务。冯谖在出发前向孟尝君请示：“责（债）毕收，以何市而反？”孟尝君答：“视吾家所寡有者。”冯谖驱车来到薛地，把所有欠债百姓召集到一起，核对完账目后，便假传孟尝君的命令，免去所有欠款，并当场烧掉了借契。百姓感念不已，皆呼万岁。冯谖随即返回复命，理直气壮地对孟尝君声称此乃“为君市义也”，搞得孟尝君悻悻而言“先生休矣”。岂料一年后孟尝君罢相返回薛邑，距离尚有百里之遥，薛邑百姓早已扶老携幼相迎。这时孟尝君方才领悟到冯谖焚券市义的深意。冯谖矫命决策的高明之处就在于“执左契而不责于人”，结果“天道无亲常与善人”。老子所谓“善人”可以理解为决策合乎天道之人。在老子那里，天道的特点正在于损余补缺。这也是评价决策优劣高下的一个金标准，即人道能否向天道看齐，决策最终促进了还是破坏了社会生态系统的整体平衡。

决策合乎天道或中庸之道绝非易事，难就难在对“度”的把握上。正如哲学家李泽厚所言，“度”就是“掌握分寸，恰到好处”。不是

“质”或“量”，而是“度”，才是第一哲学范畴。站在春秋末年历史转折关口的智瑶不懂得“天作孽，犹可违；自作孽，不可活”的至理，他的一系列错误的极端决策不但使自己落个身亡家败的下场，而且直接导致了“三家分晋”的历史巨变。一向号称当时中原霸主的晋国，国君权力逐渐衰落，实权由六家大夫把持，他们各有地盘和武装，互相攻伐，最后剩下智家、赵家、韩家、魏家。这四家中以智家的势力最为强大，但最终其碾压性优势反成了死穴。智宣子准备立智瑶为继承人时遭到一位非常有智慧的族人智果的反对。智果提议不如立智宵为好，理由是尽管智瑶有突出的五大优点，但也有一个严重缺陷。具体说来：智瑶留有美髯，身材高大，是一贤；擅长射箭，驾车有力，是二贤；技能出众，才艺超群，是三贤；巧言善辩，文辞优美，是四贤；坚强果决，刚毅勇敢，是五贤。但智瑶的要害问题在于：“如是而甚不仁。夫以其五贤陵人，而以不仁行之，其谁能待之？若果立瑶也，智宗必灭。”什么是“不仁”呢？作家冯唐的解释很有意思，即欠缺“让”“厚”“平”这三方面的决策素质。让是忍让，厚是厚道，平是平衡，归根结底，智瑶败在“用所有的能力、所有的办法和资源去占更多的便宜的时候，就一定要占尽、吃干”。“损不足以奉有余”乃小人之道，“损有余而补不足”方为大人之道，也就是天道。智瑶接班后沿着小人之道一路狂奔。《资治通鉴》记载，一次智瑶与韩康子、魏桓子在蓝台饮宴。席间，智襄子（智瑶）公然戏弄韩康子，又羞辱了韩庚子的谋士段规。智瑶的家臣智国听说此事后便劝告：“主公，您不加提防，灾祸就一定会降临啊！”智瑶满不在乎：“别人的生死祸福都取决于我。我不降灾落祸，谁还敢兴风作浪？”智瑶恃强向韩康子提出割地要求，韩康子开始不同意。段规劝说：“智瑶贪财好利，又刚愎自用，如果不割地给他，他一定会讨伐我们，不如答应他。他得到了土地，一定会更加狂妄，而再向别人索要；别人不给，他一定会兴兵讨伐。这样一来，我们便避开了祸患，就可以伺机而动了。”于是韩康子割让了一块有万户人家的膏腴之地。智瑶大喜，果然接着又向魏桓子提出领地要求，再次得逞。当智瑶向赵襄子索地遭拒后，便强攻赵氏，并胁迫韩、魏两家出兵。赵襄子退居晋阳固守。智瑶围困晋阳两年不能下，竟引晋水淹灌城池。危急中，赵襄子派张孟谈说服早已离心离德的韩、魏两家倒戈，放水倒灌智瑶军营，大破智瑶军，擒杀智瑶。赵、魏、韩三家将智氏灭族，瓜分其地。晋阳之战，历史意义深远，“智伯（瑶）灭而三晋之势成，三晋分而七国之形立，读春秋之终，而知战国之始也”。智瑶无视“留白”的政治外交艺术，顽固坚持贪多务得的决策取向，最终自食其果。

决策合乎天道必然要求决策者主动寻求人天合一，主动“自损”，主动放权让利于民。左宗棠在任陕甘总督的十四年里政绩卓著，和他严肃反思以往清政府治理无方的历史教训，果断调整施政方针息息相关。从大的政策基调看，就是从竭泽而渔到放水养鱼，从与民争利到藏富于民。以治理新疆为例，左氏采取了一揽子具体措施：丈量土地，减轻赋税，在土地清丈完成前按照实际收获物的十分之一计征；采取政府出钱、民间出力的官民合作方式兴修水利工程；引进江浙桑种，在有条件的地方设置织造局所，发展高附加值丝织业。左宗棠还对新疆丝织业做出长远规划，认为“俄商及边商皆垂涎川丝之利，蚕事一兴，则蜀利归于新疆，民可使富也”。左宗棠看到西北地区自然地理条件适宜发展畜牧业，明令地方官员在发给牧民羊种时“所领成本分作三年摊还，不取息耗，凡此皆以利民为主”。左宗棠正确决策，放权让利，适时启动释放民间活力，使凋敝的新疆地方经济找到生机，呈现“荒芜渐辟，户口日增”的可喜发展态势。主政西北期间，在获悉肃州（今酒泉）附近有金矿后，左宗棠便决定勘探采挖，认为“大抵矿务须由官办，无听民私采之理，惟官开之弊防不胜防，又不若包商开办，耗费少而获利多”，明确提出“官办开其先，商办承其后”的指导原则。在晚清，左宗棠是罕见的兼具政治远见、军事才能和经济眼光的决策者之一。

决策合乎天道意味着决策者要学会包容、宽容和妥协，不能一味高举高打、猛冲猛杀。历史上“拗相公”王安石变法失败的教训不可谓不深刻。据学者徐富海的研究，王安石改革措施在推出上的操之过急，在选人用人上的独断都对变法进程及结局产生了非常不利的影响。应当承认，当时的宋朝社会已经到了不得不谋求改变的地步，有人总结为“三冗两积”。冗兵、冗官、冗费造成巨额财政赤字，也就是中央财政入不敷出，即所谓“积贫”；北宋在对外战争中连吃败仗，被迫与辽、西夏签订不平等条约，即所谓“积弱”。正是针对积贫积弱这两大时弊，王安石提出“理财”和“整军”两大改革方向并推出配套改革举措，在富国强兵方面确实取得了一些成效。但同时，苏轼上书批评的王安石“求治太急，进人太锐”问题也确实存在，苏轼以其生花妙笔打比方，“譬如乘轻车，驭骏马，冒险夜行，而仆夫又从后鞭之，岂不殆哉”。如此急于求成，其结果必然不乐观。王安石从北宋神宗熙宁二年（1069 年）为相，至熙宁六年，先后不过数年时间，他就次第推出一系列新法，仅经济方面就包括“均输法”“青苗法”“农田水利法”“免役法”“方田均税法”和“市易法”等。钱穆在《国史大纲》中提出“此等新法，即谓用意全是，大体上非长时间慎密推行，不易见效”，王安石却一下子全面铺开，“实在是他的失策”。以“青苗法”为例，其立法初衷本为使农民不误农时，限制民间高利贷盘剥，由政府出资贷款的善政，在实际的全国大范围推行中却出现地方官员强行摊派及投机分子冒领等恶政乱象。在用人方面，虽然王安石极力主张用君子、去小人，但事实上他是以是否支持改革作为选人用人唯一标准的。公认的变法最主要支持者吕惠卿、章惇、曾布、蔡卞、蔡京等人的个人品质多有争议，有人甚至在当时就被目为“小人”。钱穆在对比范仲淹主导的“庆历新政”和王安石变法时，揭示了一个有趣的事实，“反对范仲淹的，全是当时所谓小人；而反对王安石的，则大多是当时的所谓君子”。翻开王安石变法的反对者名单，确实令人大吃一惊，司马光、欧阳修、程颢、程颐、苏洵、苏轼、苏辙等名字赫然在目。王安石个性执拗，有一种过于绝对的刚强自信。他把不同政见一律指为“邪说”，将非志同道合者统统划入“壬人”（巧言谄媚之人）行列，多少显得缺乏政治家应有的胸襟气度。大儒程颢因此批评“介甫性狠愎，众人以为不可，则执之愈坚”，是不无道理的。在某种意义上说，王安石变法的悲剧就是一出决策者一意孤行，过于急进而导致政治、社会生态系统失衡的历史悲剧。

任正非鼓励华为高级干部要“适当学点历史”，他本人就对王安石变法以及中国历史上的改革有过颇具深度的思考，提出“坚持均衡发展”的决策思想。不同于商鞅、王安石“毕其功于一役”的激烈变革手段，任正非认为改进管理是一个持久的过程，“不要太激进，……持续长久改进下去是非常了不起的”。“损不足以奉有余”代表零和博弈思维，“损有余而补不足”代表正和博弈思维，任正非显然具有后者的属性。在华为，“我们把竞争对手都称为友商，……宁愿放弃一些市场、一些利益，也要与友商合作，成为伙伴，……通过合作取得共赢，分享成功，实现‘和而不同’，和谐以共生共长，不同以相辅相成，这是东方悠久的智慧”。任正非以其强烈的忧患意识倡导均衡开展组织建设，认为公司“不均衡的地方就是流程的瓶颈”。在任正非看来，华为初创时期处于饥寒交迫、等米下锅的状态，因此十分重视产品研发、营销以快速适应市场的做法是完全正确的。但是，随着公司的扩张和壮大，这种偏向并没有得到扭转，晋升到高层的来自研发、营销部门的干部“在处理问题、价值评价时，有不自觉的习惯倾向，以使强的部门更强，弱的部门更弱”，从而形成公司良性运作的瓶颈和明显短板。任正非要求，华为的组织建设要从“强干弱枝”转向加强均衡管理，公司决策者一定不能“一边救今天的火，一边埋明天的雷”。

第七章

决策锦囊撷英

“用人所长”“示人以弱”“用非其有”都是领导者用人决策的要领。

第一节　用人所长

领导者的用人决策，不在于克服人的短处，而在于充分发挥人的长处。冯梦龙编纂的《智囊全集》中记载了唐代中期政治家、画家韩滉善于开发人力资源、巧妙用人所长的故事。韩滉曾经长年镇守三吴（今江浙一带）地区，在任用僚佐属吏时，“随其才器，用之悉当”。一次，有个故友的儿子投奔韩滉，声称自己没有任何专长。于是韩滉邀请此人参加宴会，借机观察他，发现此人从宴会开始直到结束都端端正正地坐着，不跟邻座的人讲一句话。对这样一个能力平庸的怪人，应当怎样安排岗位呢？韩氏令其随军看守库房，结果此人“每早入帷，端坐至夕，吏卒无敢滥出入者”。这个人忠于职守，每天很早就去上班，端端正正地坐到太阳下山，上至官吏下到士卒没人敢随便进出他看管的仓库。对于后来在唐德宗贞元年间封晋国公的韩滉来说，这或许只是小事一桩，但韩的厉害之处在于“用之悉当”的一个“悉”字上，可见其识人之锐与用人之妙。冯梦龙忍不住感慨，假如领导者用人水平都能如韩滉一般，则“天下无弃才、无废事矣”。

正如一枚硬币的正反面，“用人之长”必然意味着能够“容人之短”。在冯梦龙看来，“容小过者以一长酬；释大仇者以死力报。唯酬报之情迫中，故其长（长处）触之而必试，其力（能力）激之而必竭。彼索过寻仇者，岂非大愚？”意思是管理者容忍小过失，会得到对方特长作为回报；饶恕大仇人，能得到对方以性命相报。只知追过寻仇的人，真是太愚笨了。冯梦龙举的是北宋初年名将郭进的例子。郭进担任山西巡检时，有一个军官进京告御状，控告对象就是郭进。赵匡胤召入问讯，了解到这纯属诬告，就将此人遣送回山西，交给郭“令杀之”。当时正遇到并州贼寇入侵，郭进对这个军官说：“你敢告我，胆量一定很大。现在我赦免你，如果你能消灭并州敌寇，我就上书朝廷推荐你；如果失败，就自己去投河，不要弄脏了我的宝剑。”这个军官听罢“踊跃赴斗”，拼死作战，“竟大捷”。郭进也真推荐他升了官。

冯梦龙将用人所长的决策技巧一直追溯到了孔夫子。一次孔子出游，途中马脱缰逃跑并吃了庄稼。农夫很生气，扣了孔子的马。子贡知道后，就自告奋勇前去恳求农夫放了马，没想到用尽说辞，农夫也不加理睬。孔子告诉子贡：“夫以人之所不能听说人，譬以太牢享野兽，以《九韶》乐飞鸟也。”意思是用别人听不懂的话去游说别人，就好比以太牢（祭祀时所用的牛、羊、猪三牲）这种最高规格的祭品进献给野兽，用九韶（相传为夏禹所作古乐）这种最盛大的乐曲去取悦飞鸟。于是孔子让马夫前去交涉。马夫对农人说：“你从没有离开家到东海边上种地，我也没有到过西方的地界游玩，但两地的庄稼长得一个模样，马儿怎知那是你的庄稼而不该吃呢？”农人听了觉得有理，就归还了马。冯梦龙由此评论道：“人各以类相通。述《诗》《书》于野人之前，此腐儒之所以误国也。”冯氏还进一步展开深入分析，马夫的话虽然有理，但这番话若是出自子贡之口，恐怕农夫仍然不会接受。这是因为子贡和农夫样貌相差太远，彼此的心本就有距离。那么，孔子为什么不先派马夫去，而任由子贡前去说服农夫呢？若一开始就派马夫，子贡必定不服气。先由子贡出面，不但子贡心中毫无怨尤，而且马夫的作用也得以充分体现。冯梦龙指出："圣人达人之情，故能尽人之用。后世以文法束人，以资格限人，又以兼长望人，天下事岂有济乎！"的确，领导者用人所长，必然建立在对人性人情的深刻洞见的基础上，如此方能做到人尽其才。然而人们一方面以条条框框束缚人，以资历来限制人，另一方面又以"兼长"即全能多面的期望要求人才。如此这般，天下事哪有成功的希望呢？

冯梦龙紧接着孔子"使马圉（马夫）"之后，又讲了一个宋太祖"选伴押使"的用人决策故事。三徐（徐延休、徐铉、徐锴）名声显扬于南唐，宋朝君臣也都听说他们的学问十分渊博，三人中徐铉是最杰出的一位。当南唐遣徐铉来朝贡（南唐对宋称臣）时，依惯例，宋朝廷要派官员充任押伴使（职责为接应朝贡的使者）。朝中众臣都担心自己的口才辞令不如徐铉，宰相也觉得这件事不好办，就请示皇帝。赵匡胤说："你们暂且退下，我自己来选人。"不久，传令宣召殿前司，让他准备十个不识字的侍卫的名单。皇帝亲笔圈选其中一人，很有把握地说："这个人可以胜任。"朝臣都很惊奇，中书不敢再请示皇帝，就催促这名侍卫上路。被选中的人丈二和尚摸不着头脑，不得已渡江与徐铉会合。起初，徐铉言辞流利，侃侃而谈，旁观的人惊叹不已。侍卫无法回话，只能嗯嗯回应。徐铉没有察觉，依然喋喋不休。"居数日，既无酬复，铉亦倦且默矣。”过了几天，一直没有得到回应，徐铉也累得沉默不语了。冯梦龙揭示：“孔子之使马圉，以愚应愚也。艺祖（太祖）之遣殿侍者，以愚困智也。以智强愚，愚者不解；以智角智，智者不服。”前篇孔子派马夫的事，是以愚者应付愚者；后篇宋太祖选择押伴使，是以愚者困扰智者。用才智勉强愚者，愚者不会了解；用才智比试智者，智者必不服气。显然，这是一种“不战而屈人之兵”的最佳策略。

领导者善用其长的人事决策智慧在古今中外都有例证。德鲁克在其名著《卓有成效的管理者》中举了美国南北战争期间林肯总统大胆起用有好酒贪杯毛病的格兰特将军的例子。当时有人提醒林肯，格兰特嗜酒，恐难担大任。林肯回答道：“要是我能知道格兰特将军喝的是什么品牌的酒的话，我就会向其他各位将军也各送上一桶。”林肯是在肯塔基州和伊利诺伊州边境长大的，他不可能不知道酗酒的危害。然而他也知道，在所有北军将领中，只有格兰特能够运筹帷幄、决胜千里。事实也证明，格兰特将军受命为联邦军总司令成为南北战争的转折点。这是一次非常成功的任命。林肯的用人策略正是求其能发挥专长，而不是考虑其人必须是个“完人”。当然，林肯之所以精于这种用人之道，也是经历了一番曲折的。在此之前，他曾先后选用了三四位将领，选用标准都是其人必须无重大缺点。但结果是，虽然北军拥有人力物力方面的绝对优势，在 1861 年至 1864 年却没有取得任何战场进展。反之，南军李将军手下的将领都有大大小小的缺点。但李将军善用他们的长处，使他们充分发挥自己的能力。林肯麾下每一位“无缺点”的将领，都被李将军手下拥有“一技之长”的将领击败了。在德鲁克看来，如果管理者用人只想着避其短，那么他所领导的组织将是平庸的。所谓“样样皆通”，实际上可能是一无是处。道理很简单：才干越高的人，其缺点往往也越多，这就好比山峰越高，峡谷就越深。德鲁克认为，仅能见人之短而不能识人之长的管理者本身必定是弱者，他甚至会把别人的长处当成对自己的威胁。美国的钢铁大王卡内基的墓志铭写得耐人寻味：“这里躺着的人，知道选用比自己能力更强的人来为他工作。”这又很容易使人联想到刘邦称帝后讲的一段肺腑之言：“夫运筹策帷帐之中，决胜于千里之外，吾不如子房；镇国家，抚百姓，给馈饷，不绝粮道，吾不如萧何；连百万之军，战必胜，攻必取，吾不如韩信。”刘邦、林肯、卡内基都可谓用人所长的顶尖高手。

第二节　示人以弱

老子认为，高明的领导者必定善用柔性决策法。《道德经》五千言惜字如金，却在第三十六章提出“柔弱胜刚强”，又在第七十八章提出“弱之胜强，柔之胜刚，天下莫不知，莫能行”。为什么说“天下莫不知”呢？不妨先放眼自然世界，人皆可见水“坏山襄陵，磨铁消铜”的威力，再反观人自身，也不难发现“舌柔齿刚，齿先舌亡”的事实。既然如此，为何大多数领导者又在决策实践中“莫能行”呢？原因是“强硬一定比柔弱好”的思维定式作祟。老子再次把我们的目光引向大自然，观察人和植物的生死：越是生命力旺盛，越展现出柔弱的一面，比如骨弱筋柔的婴儿；而生命力消逝之后，人的躯体是僵硬的，花草树木是枯槁的。这就是：“人之生也柔弱，其死也坚强。草木之生也柔脆，其死也枯槁。故坚强者死之徒，柔弱者生之徒。”由此引申到人类决策活动，老子发现柔弱其实是一个伟大的管理密码。真正强大的决策者都懂得示弱，弱势决策者却往往喜欢逞强。多数人都习惯于追求强大，只知道用刚强来制服敌人、压倒对手，却不知道刚强与柔弱本就是对立统一的矛盾体，如果只看到一面，而忽略了两者本质上的统一，那么永远也做不到真正意义上的强大。老子告诫领导者“兵强则灭，木强则折”，可惜能听进去的人并不多，襄樊之战中的关羽和夷陵之战中的刘备就是先后被对手的“示弱策略”迷惑而走向末路的。

襄樊之战是三国时期重要的大规模战役，魏蜀吴三方投入的总兵力保守估计达到十万人。公元 219 年，关羽率军从荆州南郡出兵，围困曹魏占领的襄阳和樊城。曹魏名将于禁督师七路救援樊城，反被关羽水淹七军生擒。关羽达到一生事业的顶峰，曹操一度考虑是否要迁都以避其锋芒，所以陈寿在《三国志·关羽传》中用“威震华夏”评价关羽。而仅仅半年之后，便发生了“大意失荆州”和“败走麦城”的悲剧，关羽被无名之辈斩于临沮。原来正当蜀魏交锋，关羽取得辉煌军事胜利之际，东吴的吕蒙冷眼旁观，窥见了关羽后方的薄弱环节。为引诱关羽将留守的少量部队尽调前线，吕蒙秘密上书孙权，建议孙权公开让自己去养病。这是典型的示人以弱的麻痹策略。孙权依计而行。由于接替老谋深算的吕蒙的是年纪轻轻的书生陆逊，关羽更加无所顾忌。为了迎合关羽“刚而自矜”的心理，陆逊赴任伊始就给关羽写去一封“戴高帽”的书信，说“将军之勋足以长世，虽昔晋文城濮之师，淮阴拔赵之略，蔑以尚兹”，就是说：将军您的功勋永世长存，即使是当年晋文公鏖战城濮，淮阴侯韩信谋夺赵国，也赶不上将军您的赫赫战功。于是，关羽被彻底“催眠”。接着就是吕蒙缜密策划“白衣渡江”，偷袭荆州成功。襄樊之战直接决定了荆州的归属，东吴不仅扩大了地盘，更重要的是从此得以“全据长江”，极大地改善了东吴的战略安全态势。蜀汉损兵折将、失人失地，并直接导致了后来刘备复仇的夷陵之战。

示强还是示弱是每个领导者都要面对的选项，正确选择的关键是抓得准时机、摸得准脉搏，不能被情绪牵着鼻子走。陈寿在《蜀书·先主传》中评价刘备“机权干略不逮魏武”，是正确的。刘备被愤怒的情绪冲昏了头脑，诸葛亮重申“联吴抗曹”的方针，赵云“国贼是曹操，非孙权也”的金玉良言，他统统听不进去。刘备于公元 221 年亲率大军东征，志在必得，求胜心切。孙权请和不成后，只得一面向曹魏称臣，避免两线作战，一面任命陆逊为总指挥抗战。面对强敌，陆逊果断地实施战略退却，一直后撤到夷道、猇亭一线，然后就地遏制住蜀军继续东进的势头，转入积极防御。这样，吴军完全退出了崇山峻岭地带，把难以集中兵力的绵延数百里山地留给了蜀军。为了调动陆逊出战，刘备调兵遣将围攻驻守夷道的孙桓。孙桓系孙权的侄儿，所以吴军诸将纷纷要求出兵救援，但陆逊深知孙桓素得士众之心，而且夷道城坚粮足，所以断然拒绝了分兵援助的建议。所谓“示人以弱”当然不是一味示弱，处处示弱，而是当弱则弱，当强则强。指挥夷陵之战时，陆逊未及四十，还是青年统帅，而他麾下的将军有不少都是战功卓著的老将，有的还是孙策时期的旧部。他们中的多数人都不能领会陆逊“以退为进”的战略方针和作战部署，因而不断催促陆逊出击，对于拒援孙桓的决策更是难以理解，有人甚至给陆逊贴上胆怯畏战的标签。为维护全军指挥的集中统一，陆逊召集诸将开会，说：“刘备天下知名，曹操所惮，今在境界（国界），此强对（强大的对手）也。诸君并荷国恩，当相辑睦，共剪此虏，上报所受，而不相顺，非所谓也（不听指挥，这是不能允许的）。仆虽书生，受命主上。国家所以屈诸君使相承望者，以仆有尺寸可称，能忍辱负重故也。各在其事，岂复得辞！军令有常，不可犯矣。”这次铁腕的纪律整顿，确保了吴军上下步调一致。无论蜀军如何辱骂挑战，陆逊都坚守不出，这就粉碎了刘备倚仗优势兵力谋求速战速决的战略意图。时值六月酷暑，蜀军将士不胜其苦，刘备只好令水军舍舟转移到陆上，把军营设于深山密林间，等待发动秋季攻势。看到蜀军逐渐松懈、斗志涣散，陆逊认为战略反攻的时机已成熟，“以火攻拔之”“破其四十余营”，蜀军土崩瓦解。夷陵之战是三国时期“三大战役”的最后一战，也是使蜀汉继关羽失荆州后又一次实力大损的战役。陈寿对此战东吴君臣的表现予以高度评价，认为：“刘备天下称雄，一世所惮，陆逊春秋方壮，威名未着，摧而克之，罔不如志（没有不合心愿的）。予既奇逊之谋略，又叹权之识才，所以济大事也。”这里的“逊之谋略”指的正是以柔克刚、示人以弱的决策智慧。

避其锋芒，知雄守雌也是屡试不爽的商战决胜锦囊，中外皆然。第二次世界大战后，底特律成为“世界汽车之都”，美国本土汽车市场几乎被大型车一统天下。美国人沉迷于对“肌肉车”的追逐，通用、福特、克莱斯勒三大汽车厂商不断推出车身更长、空间更大、马力更强的车型。后来，火箭式的流线型设计、大型尾翼以及模仿卫星的无线电天线都成为常见的车体造型元素。德国大众甲壳虫汽车打入北美市场时却反其道而行，避免与美国三大汽车厂商正面交锋，提出“Think Small（想想还是小的好）”的品牌主张。大众公司委托DDB事务所推出的首期广告一反当时的惯例，整版黑白色，在生活杂志千篇一律的彩色插图中显得别具一格。更为出人意料的是整个广告画面留下了大片空白，而每寸版面都是要付费的。但也正由于此，读者的视线被立即引向版面上的唯一图像——左上角的一辆甲壳虫汽车的黑白照片。在大片留白中，甲壳虫汽车显得遥远又微小，但车头向着读者，又似乎意味着它将要不可避免地驶向你的生活。大部分读者的第一反应是一连串“为什么”。“为什么车子那么小？”“为什么没有车子的详细介绍？”这些“为什么”直接将读者导向了著名的广告文案Think Small。品牌可以是强势的，也可以是柔软的。品牌传播可以主动示弱，逆向思维，化劣势为优势。你们觉得“虫虫”不够彪悍吗？所以它才省油。你们觉得这款车太小了吗？所以它才好停车。你们觉得这款车太便宜，显得没面子吗？所以它才是明智的选择。这款汽车打动人心的广告语是：甲壳虫让一些东西变小了，比如汽油账单上的数字。甲壳虫比传统车子短四英尺（前座却有足够的容脚空间），当别的车子还在拥挤的街道上找车位时，你已经找到一块小地方停车了。甲壳虫的零件不贵，前叶子板 21.75 美元，汽缸头 19.95 美元……软广告产生硬效果，甲壳虫汽车在当时美国市场的销售呈现井喷之势。

类似的商业案例还有不少。例如，美国曾经最大的汽车出租公司赫兹公司和排名第二的艾维斯公司之间的竞争往事。一开始两家公司竞争的时候，排名第二的艾维斯连续亏损了 13 年，但是在第 14 年的时候，它把广告内容置换成“老二宣言”。他们如此强调：“艾维斯在租车行业只不过是第二，为什么还要找我们呢？我们的工作更努力。”艾维斯承认了自己第二名的位置，然后找了一个新的方向——自己的工作更加努力，结果就在潜在消费者心中印下了一个鲜明的品牌形象。这一广告巧妙地和竞争对手赫兹公司进行了关联，让人们知道虽然我不是第一，但是我是那个更加努力的第二。广告内容是：“我们更努力。我们不会提供油箱不满、雨刷不好或没有清洗过的车子，我们力求最好。我们会为您提供一部新车和一个愉快的微笑——与我们同行，我们不会让您久等。”该广告播出之后，立即引起了消费者的广泛同情和关注，产生了相当明显的效果。艾维斯奇迹般地扭亏为盈。艾维斯公司在定位决策上借力打力，先化缺点为特点，再化特点为卖点，实现了“硬碰硬”难以达到的效果。

中国企业家牛根生在品牌打造上也非常善于运用“示弱”的逆向思维。1999 年蒙牛成立之初，牛根生就提出：第一，凡是伊利等大企业有奶站的地方，蒙牛不建；第二，凡是非奶站的牛奶，蒙牛不收；第三，凡是跟伊利收购标准、价格不一致的事，蒙牛不干。这些措施把蒙牛和伊利区隔开，避免了直接冲突。不过，牛根生的商业决策智慧更体现在他善于借势造名、化被动为主动上。用他自己的话说：“要想知‘道’，打个颠倒。不管螺丝怎么设计，正向拧不开的时候，反向必定拧得开。山重水复，此路不通的时候，换换位，换换心，换换向，往往豁然开朗，柳暗花明。”2000 年前后，蒙牛提出建立“第二品牌”的创意。呼和浩特市区道路两旁冒出红色路牌广告，上面写着“蒙牛乳业，创内蒙古乳业第二品牌”“向伊利学习，为民族工业争气，争创内蒙古乳业第二品牌”。当时内蒙古乳品市场的知名品牌是伊利，蒙牛还寂寂无闻，其迂回策略的聪明之处正在于：把标杆定为伊利，使消费者通过伊利知道了蒙牛，而且留下蒙牛似乎只在伊利之下的印象。有些广告牌上还写着“千里草原腾起伊利、兴发、蒙牛乳业”，蒙牛似乎在为伊利和兴发免费做广告，实际上还是在为自己打广告，借这两个区域内无人不知的大企业的“势”，出自己的“名”。

第三节　用非其有

《荀子·王制》谈到人的特质，认为：“人，力不若牛，走不若马，而牛马为用，何也？曰：人能群，彼不能群。”意思是说，人的力气不如牛大，跑得没有马快，牛马却能为人所用，其原因就在于人能“群”，人有“协作优势”。《吕氏春秋·分职》指出：“夫马者，伯乐相之，造父御之，贤主乘之，一日千里。无御相之劳而有其功，则知所乘矣。”在《吕氏春秋》的作者看来，贤明领导者的决策窍门在于“用非其有，如己有之”。《吕氏春秋·分职》还列举了多个例证：“今召客者，酒酣歌舞，鼓瑟吹竽，明日不拜乐己者而拜主人，主人使之也。先王之立功名有似于此。……巧匠为宫室，为圆必以规，为方必以矩，为平直必以准绳。功已就，不知规矩绳墨，而赏匠巧匠之。宫室已成，不知巧匠，而皆曰：‘善，此某君、某王之宫室也。’此不可不察也。”大意是，召请客人，畅饮开怀，有演员歌舞弹唱助兴，次日客人只会拜谢主人而不是演员；巧匠建造宫室的时候，画圆一定要用圆规，画方一定要用矩尺，取平直一定要用水准墨线，宫室造好以后，人们都说“这是某某君、某某王的宫室”。《吕氏春秋》的作者提醒，领导者最忌“自为之则不能”“任贤者则恶之”“与不肖者议之”，也就是说，最糟糕的情形是：领导者自己做不来，任用贤者又不放心，还跟不肖的人议论人家。“君道”也就是管理之道，其要义在于，领导者要“无智”故能“使众智”；“无能”故能“使众能”，“无为”故能“使众为”。所谓“用非其有”，用当下的表述就是“连接大于拥有”，企业家的决策思路要从竞争逻辑转向共生逻辑。

华为“黄大年茶思屋”

2022 年 4 月 30 日，华为公司在其心声社区发布了重要公告，宣布“黄大年茶思屋”科技网站正式上线运营。华为创始人任正非曾提议邀请国内外科学家共同参与公司的科研攻关，构建一个类似“罗马广场”的前沿思想沟通平台。2021 年，任正非在俄罗斯研究院演讲时提出，华为要不断升级打造开放型组织：一是人才的开放，不一定要把人都招进华为公司为我所有，可以通过一桶“糨糊”把他们粘起来，为我所知、为我所用；二是平台的开放，要建立一个世界级、纯技术性的大交流平台牵引公司前进，组织讲座、学术沙龙、前沿技术研讨会等活动，“一杯咖啡吸收宇宙能量”。华为已与清华大学、四川大学等多所著名高校建立了线下的“黄大年茶思屋”，力图为产学研合作提供一个理想的“造梦空间”。“黄大年茶思屋”科技网站是一个不受地理限制、24 小时开放的技术交流平台。依托这个平台，无论是学术热点问题讨论，还是精选论文分享，抑或是咖啡茶话会，都可以实现线上线下无缝衔接。尤其值得关注的是，在华为“黄大年茶思屋”网站上可以看到每期发布的待解难题“榜单”，每个课题下都分为四个板块，即问题描述、技术挑战、当前结果、技术诉求，还附有参考文献。

…………

2023 年 4 月 6 日下午，华为“难题揭榜”火花奖颁奖现场，东南大学网络空间安全学院教授程光接过获奖证书，获奖词为：“华为向全社会发布难题，兼顾产业挑战和科学价值”。程光于 2022 年 11 月首次“揭榜”，选择的题目是“资源约束条件下，百万数据流的统计和筛选”。他对《中国新闻周刊》说，这是一种具有广泛应用场景的技术，在网络安全、网络管理、网络测量等很多领域都会用到。程光原本就对此有研究，看到问题后，当天就给“接口专家”发邮件，很快收到回复，接着，双方进行了首次线上讨论。华为“难题揭榜”的出题人来自华为的不同部门，每题都附有“接口专家”的邮箱。两个多月内，程光先后和华为专家开了多次会议。第一次会议让他印象深刻，五个华为专家在屏幕的另一头，为他详细剖析了题目的方方面面，比如，约束条件到底是什么；希望能解决哪些问题；国内外在这个问题上的最先进技术标准；华为希望在哪些方面有所突破。程光认为，华为提供的是清晰、简洁、有技术前瞻性的学术综述。与程光揭榜的技术难题不同，2022 年 9 月，西安交通大学信息与通信工程学院副教授李国兵“揭”的是一个工程应用背后的数学基础问题，涉及射频领域，属于应用基础研究类型。“乍一看，好像是上世纪 50 年代就研究过的经典。”李国兵对《中国新闻周刊》回忆道:“但仔细研究，这个问题直到2022年还不断有新的工作涌现出来，说明这个古老的问题，在新的、更严苛的工程约束条件下，就变成了一个新问题，旧的方法不再适用。”多位华为难题的“揭榜者”观察到，华为提出的难题主要分为纯技术类和偏应用基础类，后者较前者多。概括来说，这些难题“既有理论高度又能解决实际生产困境，同时具有普遍科学共性”。华为2012实验室主任查钧在一次访谈中说:“提出好问题也是一种能力。”他认为，要有能力提出问题，把工业界的难题抽象、翻译成科学家能够听得懂的语言，填补学术界与产业界的巨大鸿沟。2022年10月，李国兵和华为专家进行了多次邮件和线上交流，他的第一感觉是“很舒服，在和很内行的人打交道”。因为很有共同语言，持续交流也就成为解题的催化剂。李国兵回忆，每次和华为专家谈话，都“直接切入问题的核心”，先是讨论初步想法，随即华为发来相关测试数据，供他用自己的方法演算，反复交流几次后，他就大幅改进了最初算法，2022年12月获得了“火花奖”。李国兵感到知识上的相互促进，“对方尊重我做的事，彼此是在同一个频道上”。程光也记得，在解决“资源约束数据流”问题时，他最初有些疑问，因为部分条件是当时技术无法解决的。他提出，能不能把约束条件再放宽一些，多次沟通后，原本相对粗犷的指标体系越来越明晰，双方共同确认了“问题可解”的最新“边界”。在程光看来，这也是一种建立“共同语言”的过程。互动之下，可以说解题是一个共同打磨、共同完善、共同成长的过程。华为“难题揭榜”突破了传统校企合作中单向的“企业是出题人，高校是答题人”的模式，变成校企“共同答题”。查钧介绍，华为研究人员主要有三类人，一类是“瘦子”，也就是科学家，工作偏基础研究；另一类是“胖子”，善于解决产品的问题、工程的问题，即技术专家；还有一类是“既瘦又胖”，他们能把基础研究、应用研究与技术创新、工程创新连接起来。为什么这么形容？因为“教授教授，越教越瘦”“杀猪杀猪，越杀越胖”，这是任正非对公司新型项目管理实践的一个形象的总结。华为研究的研究体系是橄榄形的，两头稍小，中间大，也就是“既瘦又胖”这类人最多，也是华为最需要的。这是华为内部创新的方法论，用以打通学术界与工业界、基础研究与应用。这些“既瘦又胖”的跨界专家努力成为“科技外交家”。华为要求，内部专家如果解决不了问题，就要到高校跟老师碰撞讨论，向很多合作伙伴发布难题。华为公司深刻认识到，“有用的知识”是广泛而零散分布的，企业自身无论有多么大的研发力量，都无法通过封闭式创新实现技术长期领先，必须采取更分散、更多人参与的去中心化的创新方式。当然，这种“引进外脑”的创新方式，对企业方的要求是很高的。企业领导者及其管理团队必须转变内部对“非本公司发明”的异样心态，摆脱对创新过程的完全控制，给予外部专家自由和尊重，同时又要能有效引导外部专家的科研方向，保证最终满足企业自身的需求。事实上，企业获得喷薄的开放式创新能力的前提在于其内部也必须具有足够强大的创新竞争力。

（摘编自《中国新闻周刊》相关报道）

第八章

决策陷阱举隅

一定要规避“一人班”“和稀泥”“近视眼”“慢半拍”等决策陷阱。

第一节　“一人班”陷阱

《道德经》有言：“太上，不知有之；其次，亲而誉之；其次，畏之；其次，侮之。”一般认为，这是老子心目中政治统治的四重境界：从匹夫匹妇“帝力于我何有哉”的悠游自在到民众对统治者歌功颂德，再直线下降到人民战战兢兢如“避猫鼠”一般，最后堕落到政权即将分崩离析之时公信力尽丧的动荡。其中清静无为的政治哲学思想同样适用于经济领域。司马迁在《史记·货殖列传中》提出，卓越经营决策之道是“因之”（顺其自然），其次是“利导之”（因势利导）。“教诲之”（高高在上地训导）、“整齐之”（严厉地整肃），更不能“与之争”（与普通人的普遍人性对着干）。正所谓“人各任其能，竭其力，以得所欲”，这是自然而然的，“若水之趋下，日夜无休时”。这就是说，企业领袖的理想决策状态应是“悠兮其贵言”，领导悠闲，很少发号施令。“功成事遂，百姓皆谓我自然”，当企业获得大发展，真正做大做强后，员工便觉得顺风顺水，本该如此。对现代企业，尤其是大型企业，没有决策“一班人”，只有决策“一人班”，会带来极大危机。

聆听两千多年前老子的告诫很有必要：“不自见，故明；不自是，故彰；不自伐，故有功；不自矜，故长。”企业领导层“一人班”的后果必然就是决策上的“一言堂”。老子说“不自见，故明”。领导者只有不囿于一己成见，才能真真正正地看清态势。河上公对此的注释颇为精当，“圣人不以其目视千里之外也，乃因天下之目以视，故能明达也”。一个商业组织的领导者妄自尊大，自我膨胀，又偏偏在组织中处在一言九鼎的决策地位，往往会给企业带来灭顶之灾。晚清巨贾胡雪岩商业帝国的倾颓只在旦夕之间，原因是多方面的，其中之一就是他作为掌舵者野心过大，急于扩张市场，出现严重决策失误。他试图垄断江浙生丝出口生意而树敌，结果生丝销不动使钱庄因缺乏流动资金而遭挤兑，最终其经营的生丝铺、胡庆余堂、公济典当行等纷纷倒闭。

从企业管理现代化的角度来看，公司组织决策权力过度集中的问题还是要靠现代企业制度创新来解决。华为公司尝试建立轮值CEO制度的探索值得称道。传统的CEO不能辜负股东的期望，要为季度、年度经营结果负责，难免陷于“事务主义”之中，没有时间充电和思考公司的长远未来，在决策倾向上势必偏于保守。华为高层轮值决策制度的创设与运转还带来一个意料之外的重大收获，那就是削平了公司的“山头”，平衡了公司内部错综复杂的关系。轮值的好处在于每个轮值者不仅要处理日常事务，而且要为高层会议起草文件，这就大大地锻炼了轮值者的全局思维与战略决策能力。“他不得不削小他的屁股，否则就达不到别人对他决议的拥护。这样他就将他管辖的部门，带入了全局利益的平衡”。华为轮值CEO决策制度所包含的哲学智慧正在于老子所言“吾不敢为主，而为客”，绝不使公司“成功系于一人，败也是这一人”。每个轮值CEO在履职期间都奋力地拉车，牵引公司前进。“他走偏了，下一轮的轮值CEO会及时去纠正航向，使大船能早一些拨正船头，避免问题累积过重不得解决”。老子说得好：“天之道，其犹张弓与？高者抑之，下者举之；有余者损之，不足者补之。”显然，这里的抑、举、损、补，指的都是为整体和谐而做的协调工作；这里的高、下、有余、不足则指的是不理想、不和谐的状态。老子把天之道比喻成拉弓射箭，开弓搭箭是为了射捕猎物，所以箭头的方向要随着猎物的移动改变：高了就压低，低了就抬高；过满就放松，不足就拉紧。这就是强调系统整体的综合均衡原则。领导者如能遵循这样的规则实施管理，自然就“希言自然”（不频施命令是合乎自然的），“悠兮其贵言”，而不会“拍脑门”盲动决策或朝令夕改。老子警示后人：“故飘风不终朝，骤雨不终日。孰为此者？天地。天地尚不能久，而况于人乎？”可见，迷恋企业“一人班”决策者应警醒！

第二节　“和稀泥”陷阱

“中庸”一词最早见于《论语·雍也》，“中庸之为德也，其至矣乎”。中就是不偏不倚、恰到好处；庸就是平常、常道。达到中庸的方法，是“执其两端，用其中”，即不走极端，选择适中的办法。不过，孔子提出的“中庸”，并不是没有原则的折中调和，“礼所以执中也”，要以“礼”即以道德规范作为衡量标准。儒家认为，决策者在礼仪制度和道德秩序的大是大非问题上含糊不得。

《左传》记载新筑人于奚救了孙桓子，使其免于一死。于是，卫人要赏赐于奚封地，但于奚谢绝，请求朝见时用曲悬、繁缨之礼。悬指一种悬钟乐器。按照当时的礼制规定，天子坐当中堂，四面立有悬，叫“宫悬”；诸侯减去南面一悬，叫“曲悬”；大夫仅两面悬，叫“判悬”；士仅一面悬，叫“特悬”。因此，曲悬是诸侯才能用的礼器配置。于奚这种请求是明目张胆地企图以大夫身份僭用诸侯之礼。同样，繁缨虽不过是马鬃毛上的装饰品，但在当时也只有诸侯才有资格使用。卫君答应了于奚的请求。孔子听说了这件事，大呼不可，认为不如多给些城池，强调决策者“唯器与名，不可以假人”，此乃“政之大节”。司马光也把名器问题视为治国理政的头等大事，他在《资治通鉴》第一卷就评论说：“夫繁缨，小物也，而孔子惜之；正名，细务也，而孔子先之。诚以名器既乱，则上下无以相有故也。夫事未有不生于微而成于著。圣人之虑远，故能谨其微而治之；众人之识近，故必待其著而后救之。治其微，则用力寡而功多；救其著，则竭力而不能及也。”用今天的话解释，即强调规矩就是规矩，原则就是原则，底线就是底线，是不能轻易打破的，一旦打破，就会出现“破窗效应”，任何有效的管理都无从谈起了。这绝非杞人忧天。唐中宗李显在“神龙政变”后复位，放容皇后韦氏、女儿安乐公主干政，以致韦后野心膨胀，想成为第二个武则天，安乐公主则处心积虑要成为“皇太女”。孔子早就告诫过，为政之道首在“正名”，而李显的帝国“第一家庭”却是“夫不夫”“妻不妻”“女不女”。《资治通鉴》记载，李显妻女“相与合谋，于饼餤中进毒，中宗崩”。李显生前一幕发生在朝堂上的闹剧也极端荒谬可笑。当朝宰相宗楚客因涉嫌受贿被监察御史崔琬弹劾，李显竟因宗楚客是韦后提拔上来的人而不予深究，想要息事宁人，甚至当场提议让崔琬与宗楚客“结为义兄弟以和解之”。一国之君做“和事佬”至此，夫复何言！

企业管理者，尤其是小企业的管理者面临的企业内部人事关系往往是公私交织的。员工组成包括亲戚、朋友、同乡。在这亲情、友情、乡情与章程规矩的冲突中，于公需要讲章法，于私则要讲情谊。在这貌似两难的抉择之中，管理者能采取“和稀泥”的做法吗？答案当然是否定的，李显就是前车之鉴。“和稀泥”会让企业内部的原则规章成为一纸空文。“唯器与名，不可以假人”，即便在现代企业管理语境中也并不过时。“和稀泥”的管理者必定会被贴上“庸懦”的标签，与企业“主心骨”所必备的“果敢”人格角色设定形成明确反差。一个首鼠两端、缺乏决断力的管理者，定会遭到员工的质疑与嘲讽。儒家讲的“中庸”之“庸”绝无“平庸”“庸弱”之义，而恰恰强调的是常理，用程子的话说就是“不易之谓庸”“庸者，天下之定理”。就企业决策而言，管理者的最重要职责就是进行判断、取舍和掌握平衡，这是颠扑不破的管理定律。公司内部遇到问题，人人都可向上汇报，但最高管理者不可以，他必须独立决策，不能推给其他人。

张一鸣在创立“今日头条”前，已经“体验”过企业中的各种角色：大公司员工、创业公司核心员工、公司合伙人，直到走上公司

CEO岗位。张一鸣认为，别人的意见，只是判断线索，不可作为决定的依据。当被问及因公司快速发展而导致部分人才掉队应如何处理时，张一鸣回应得非常干脆，两个字“调整”！他还进一步解释说：“要么对人进行调岗，要么在不得已的情况下只能让他离职。而遇到这种情况我们会‘摊开了说’，不要执着于远近亲疏、先来后到，要对事不对人。千万不要做‘老好人’，拖得越久反而会对人产生更加负面的影响。”事实上，中国传统儒家对“好好先生”的评价是极低的，孔子称其为“德之贼也”，孟子有个更严厉的断语“阉然媚于世者”，“阉然”就是不男不女，没有立于天地之间的浩然之气。决策者绝不能如风吹两边倒的“墙头草”。

第三节　“近视眼”陷阱

《吕氏春秋》提出一个很有意义的命题“寿国有道”，就是探讨有何高招可使国运长久，得出的解决方案是国君必须穷尽一切可能地“索贤人”并纳雅言。书中还用假设的口吻说，如果吴国听取了伍子胥的意见，“虽至于今存可也”。这就涉及春秋时期吴王夫差面临的北上伐齐和南下讨越的重大战略选择。夫差不把勾践当回事，一心想着会盟中原当霸主，因此“将伐齐”。这就是典型的不知祸之将至的檐下“燕雀”，不知道真正的风险其实来自“灶突决则火上焚栋”。

伍子胥正确分析当时的形势：齐国与吴国，习俗不同，言语不通，我们得到它的土地也不能居住，得到它的人民也不能役使。吴国与越国接壤，土地相连，道路相接，习俗相同，言语相通，我们得到它的土地能够居住，得到它的人民能够使唤。越国对于我们亦然。吴越势不两立。因此，越国对于吴国方为心腹大患，而齐国对于吴国不过是癣疥之疾，舍越攻齐，就好比担心虎患却去猎杀野猪一样，“虽胜之，其后患无央（尽）”。已深陷“近视眼”陷阱的夫差却根本听不进去，尤其伍子胥说出“天将亡吴矣，则使君王战而胜；天将不亡吴矣，则使君王战而不胜”，更是恼羞成怒，心生杀机。夫差执意伐齐，“战于艾陵，大败齐师，反（返）而诛子胥”。没承想，吴国大胜之后仅仅几年，伍子胥预言成真，“越报吴，残其国，绝其世，灭其社稷，夷其宗庙，夫差身为擒”。夫差临死前说：“死者如有知也，吾何面以见子胥于地下？”于是，吴王夫差把巾布盖上脸自杀了。《吕氏春秋》评论“夫患未至，则不可告也；患既至，虽知之无及矣”。意思是，对糊涂的君王来说，祸患没有到来时无法使他明白；祸患已到眼前了，他即使知道了也已经无济于事。

《吕氏春秋》中有《谕大》篇，主旨是提醒领导者必须了解“大”，提出“小之定也必恃大”。对于现代企业管理者，儒家经典《大学》讲的“德者本也，财者末也”，也是明确批判舍本逐末的短视决策行为的。有“日本企业之父”美誉的涩泽荣一就认为，《论语》与算盘相得益彰，息息相通，商人的算盘可以因《论语》打得更好更响。这样看来，“德”

是什么？就是价值观导向。“财”是什么？就是利润导向。企业决策者如果只谋短期发展的小财路，不谋长期发展的大思路，往往会在激烈商战中输得很惨。说起车载导航，人们首先想到的是“高德地图”“百度地图”等导航系统。事实上，在百度和高德地图之前，凯立德公司才是该行业的先锋，在企业发展高峰期曾占据超过77%的市场份额。往昔车辆必备的“凯立德导航”，为何如今踪影难觅？凯立德早年进入导航市场时，我国汽车销量开始逐步攀升，当时的汽车还没有联网功能，车主只能将车辆开往4S店进行地图升级，还要支付一定的费用。凯立德也正是靠这种方式营利。随着各导航APP上线，这种比较简单粗放的营利方式变得难以为继。凯立德地图不仅升级烦琐，还要收费，而高德、百度都是免费使用的，用手机即可导航。在移动互联网时代，导航技术本身也在不断升级换代，高精度定位、实时路况、智能推荐等功能逐渐成为用户关注的焦点。凯立德在这些方面的投入和研发明显不足，其产品日渐无法满足客户的需求，从而被市场淘汰。

企业管理者的时间意识为其决策提供了深层行动逻辑。老子提出“事善能，动善时”。《易经》中，时机也是决策必须考虑的关键因素。《易经·系辞下》说“君子见几而作”。《易经·文言》指出“知至至之，可与几也”，这里的“与”是参与的意思，“与几”是参与变化、主导变化，“知至至之”类似射击训练中的打飞靶，由于目标是移动的，瞄准时必须留出提前量，估量目标的飞行的速度及方向，才能命中。显然，企业管理者的短期导向决定了其决策只会紧盯眼前利益，必然忽视对未来市场需求的预判，而杰出管理者则绝不只附和现实并能够富有想象力地超越当下状况。吉利李书福在萌生“造车梦”之前就已实现了个人财富自由，闯荡过照相馆、电冰箱等多个行业，但李书福敏锐地看到，这些行业都存在进入门槛低的弊端，哪怕眼前红火，但必然会因商家之间大打价格战而被极大地挤压利润空间。于是李书福将决策眼光锁定在汽车制造上。1997 年，李书福带领吉利集团进入汽车业。从此，李书福不论遇到多少艰难险阻，都咬定青山不放松。2001 年，吉利终于获得期盼已久的轿车生产许可证，成为中国首家获得轿车生产资格的民营企业。2010 年，吉利成功收购了国际巨头福特旗下的沃尔沃轿车公司。2021 年，李书福又打造了极氪汽车，进入新能源赛道。吉利集团一系列经营成就的取得都与李书福始终“抬头看路”的决策风范息息相关。

决策者陷入“近视眼”陷阱的真正根源在于私意小智作祟，使自己沦为井底之蛙。老子早就讲过领导者“以其无私故能成其私”的妙理。我们翻开《史记·货殖列传》，可以说其中记载的每个典范人物都是视野宏阔、目光远大的决策者。比如范蠡离开“可与共患难，不可与共乐”的勾践去往齐国，“十九年中三致千金，再分散与贫交、疏昆弟”。也就是说，范蠡三次创业，三次归零，三次将大把财产分给远房亲戚和穷朋友。范蠡每次都能“千金散尽还复来”，成就“商圣”大名，后人评曰“三致千金，三散岂啬。如此高人，千秋生色”。再比如孔子的高足子贡，《史记·货殖列传》说：“子贡结驷连骑，束帛之币以聘享诸侯，所至，国君无不分庭与之抗礼。”大意是，子贡率领庞大车队在诸侯国之间穿梭往来，结交诸侯，与国君平起平坐。这里的分庭抗礼就是宾主相见，分站在中庭的两边，相对行礼，以表示对等。由此可见当年子贡的生意做大做强到何等程度。但子贡之所以被尊为“儒商之祖”并不完全基于这种货殖上的成功和礼仪上的荣耀，太史公一语道破，“夫使孔子名布扬于天下者，子贡先后之也”，就是说，子贡巧妙地把传播自己老师孔子的学术思想和道德理想这一文化使命融入自己的商业活动和社会活动中，一有机会就加以传布。《论语·子张》中相关记载就有三条。“夫子之墙数仞，不得其门而入，不见宗庙之美，百官之富。得其门者或寡矣。夫子之云，不亦宜乎。”“他人之贤者，丘陵也，犹可逾也；仲尼，日月也，无得而逾焉。”“夫子之不可及也，犹天之不可阶而升也。”在司马迁看来，孔子之所以光耀千秋，是和子贡在孔子生前逝后不遗余力的赞颂宣传分不开的。而从子贡的角度说，他之所以能够被认为是正宗“儒商”，也和他利用一切机会宣扬捍卫圣贤之道有关。后世商人出于对范蠡、子贡的敬仰，多会在经营场所贴上“陶朱事业，端木生涯（子贡名字为端木赐）”的对联。应当说，这一殊荣不是白白得来的，而是两位先贤在其商业经营决策上善于把握大势而超脱小利的必然结果。鼠目寸光的“近视眼”决策陷阱必须被超越。

第四节 “慢半拍”陷阱

《吕氏春秋·贵卒》有言“力贵突，智贵卒（猝）”，意思是，用力贵在突发，用智贵在敏捷。这就是说，犹犹豫豫慢半拍是决策者大忌。《吕氏春秋》中举的是吴起和鲍叔牙的例子，评价吴起之智“可谓捷矣”；鲍叔之智“若镞矢”，像箭一样快。《吕氏春秋》列举了正面例证，我们这里可补充一个典型的反面例证——袁绍，毛泽东曾评论袁绍“见事迟”“得计迟”。

东汉末年天下大乱，群雄逐鹿。与竞争对手曹操相比，袁绍最初在各方面都占据明显优势。袁氏家族四世三公，权倾朝野，他本人又“姿貌威容，能折节下士”，于是“士多附之”。袁绍是大将军何进的亲信，官至司隶校尉。董卓进京后倒行逆施，操纵皇帝废立，引发各路诸侯联合讨董，袁绍当仁不让做了讨董盟主。曹操这时还势单力薄，仅能在这支联军中扮演一个小角色。曹操出身官僚阶层，但并非名门望族，他的父亲是大宦官曹腾的养子，因此曹操不被世家看重。官渡之战前夕，陈琳为袁绍写的讨曹檄文中的“赘阉遗丑”就出于此。董卓垮台后，袁绍雄踞河北，尽占幽、冀、青、并四州之地，且无后顾之忧。曹操则尴尬地处于四战之地，北方袁绍虎视眈眈，西边关中诸将尚在观望，南方刘表、张绣不肯降服，东南孙策蠢蠢欲动，暂时依附的刘备又貌合神离。大战起初的形势总体上“袁强曹弱”，是一目了然的。最终结果却是曹操奇袭乌巢，继而击溃袁军主力，奠定了统一北方大业的基础。对胜负的原因当然可以展开多方面的分析，但袁绍和曹操在战略决策和军事指挥上一个“迟重少决，失在后机”（荀彧语），另一个“策得辄行，应变无穷”（郭嘉语），应该是主因之一。

荀彧所批评的“失在后机”，就是总落在“机会女神”后面，总是“慢半拍”。天下大势瞬息万变，拖延是致命之症，而袁绍罹患此症久矣。袁绍麾下的杰出谋士沮授早在其兴兵之初就献计，“横大河之北，合四州之地，收英雄之才，拥百万之众，迎大驾于西京，复宗庙于洛邑，号令天下，以讨未复，以此争锋，谁能敌之”。沮授的战略视点相当高，“迎大驾于西京”就是明明白白地要求袁绍迅速决策，抢先把皇帝这个当时最大的政治砝码抢到手，从此政治命运的天平向哪里倾斜将不言而喻。可惜袁绍不肯听从，他盘算的竟是“动辄表闻，从之则权轻，违之则拒命”，他觉得有个皇帝在身边不自在，担心和皇帝的关系不好。揆度袁绍的深层心理，很可能是他自己想当皇帝。据《魏书·武帝纪》，袁绍早年曾经得到一颗玉印，以为是天赐佳兆，“于太祖坐中举向其肘，太祖由是笑而恶焉”。这当然并不是说曹操就没有称帝的野心或者更加忠于汉室，但曹操确实有资格嘲笑袁绍器识浅薄，因为直到后来曹操羽翼丰满，权倾朝野，群臣劝谏之际，曹操也还是颇有分寸地表示“若天命在吾，吾为周文王矣”。同样是野心勃勃的实力派军阀，袁绍追求的是“即时满足”，陶醉于当下的权力和荣耀，故而当断不断；曹操则是老谋深算的“延时满足”派，从而能够拨云见日，当机立断。曹操的“迎帝都许”决策并非没有遭遇内部质疑，“太祖将迎天子，诸将或疑”。这时荀彧给曹操举了历史上晋文公和汉高祖的成功范例，“昔晋文纳周襄王而诸侯景（影）从，高祖东伐为义帝缟素而天下归心”，反过来说，“若不时定，后虽虑之，无及”。曹操深以为然，果断决策，亲率军队赶赴洛阳，把皇帝从实力较弱而且没有政治头脑的杨奉、韩暹手中抢夺过来，后又把皇帝转移安置在自己势力范围内的许昌，并以许昌为都。从此，曹操可以顺理成章地以中央政府名义发号施令，“奉天子以令不臣”。眼见曹操正确决策，日渐壮大，袁绍的反应当然是追悔莫及。史载：“会太祖（指曹操）迎天子都许，收河南地，关中皆附。绍悔，欲令太祖徙天子都鄄城以自密近，太祖拒之。”曹操已然先下手为强，取得了先发优势，袁绍才想到要求曹操将皇帝迁往自己掌控的鄄城，怎么可能实现呢？

在官渡之战前期，曹操部署对袁绍作战时，参与了“衣带诏”之谋的刘备起兵反曹。在曹、袁实力对比中，曹操本来就居明显下风，刘备更是陷曹操于两线作战的不利处境。刘备占下邳，据小沛，增兵至万人，打算与袁绍合力攻曹。曹操决策东征刘备，部下几乎所有人都表示反对，理由相当充分：“与公争天下者，袁绍也。今绍方来而弃之东，绍乘人后，若何？”曹操却成竹在胸，提出自己对敌手的判断：“夫刘备，人杰也，今不击，必为后患。袁绍虽有大志，而见事迟，必不动也。”只有谋士郭嘉赞同曹操的意见。挥师东征无疑带有很大程度的军事冒险性，犯了劣势条件下仍双线作战的兵法大忌，但曹操的底气来自对袁绍遇事迟滞、行动迂缓决策习惯的精准拿捏。曹操毅然亲率精兵东进，迅速占领沛县，转攻下邳，迫降关羽。结果是刘备全军溃败，只身逃往河北投奔袁绍。当曹、刘激战正酣之际，袁绍集团的杰出谋士田丰建议袁绍“袭太祖后”，但袁绍竟以幼子生病为辞拒绝，惹得田丰举杖击地，曰“夫遭难遇之机，而以婴儿之病失其会，惜哉”。

袁绍的“慢半拍”决策特点成全了曹操，使其能够在从容击败刘备后回师官渡。后曹军尽管又取得“斩颜良，诛文丑”的局部胜利，但袁绍毕竟地盘大，本钱足，兵多粮丰，袁强曹弱的总体态势并未发生根本性改变。双方相持三个月，曹操境况日益艰危，前方兵少粮缺，后方亦出现不稳迹象，曹操一时几乎失去坚守的信心。曹操某日看到运粮士兵疲于奔命，不禁脱口而出，“却十五日为汝破绍，不复劳汝矣”。然而，奇计安出？恰在曹军粮尽，难以支撑之时，发生了袁绍谋士许攸投诚献计的戏剧性一幕。许攸建议曹操轻兵奇袭乌巢，烧其粮草。曹操集合智囊，研判后决定立即行动。曹亲率步骑五千，于暗夜抄小路偷袭乌巢。步骑五千是何种力度的兵力投入呢？据专家估算，当时曹操真正能动用的有生力量只有一万多人，所以对曹军来说，这次行动可谓孤注一掷。曹操到达后立即组织急攻，袁绍部将淳于琼奋力退守保营。袁绍获悉后自然也火速“遣骑救琼”。这真是生死攸关的博弈。《资治通鉴》载：“操左右或言：‘贼骑稍近，请分兵拒之。’公怒曰‘贼在背后，乃白！’士卒皆殊死战，遂大破之，斩琼等。”曹操在关键时刻豁得出去，坚决不肯分兵阻击袁绍派遣的援兵，不破敌营誓不罢休；反观袁绍的决策风格就显得瞻前顾后、多端寡要，一方面仅派轻骑救援淳于琼，另一方面又命令张郃、高览率重兵猛攻曹军大营。张郃的提醒和警告本来非常及时，“曹公兵精，往必破琼”，应当全力救援淳于琼。但袁绍置之不理，坚持分兵两路，而且把宝押在了破曹营断其归路上。结果却正如张郃所预料的，曹操励士死战，大破袁军，将其粮草焚毁殆尽。张郃、高览闻知大势已去，于是降曹。袁绍的分兵计划宣告破产。总之，袁绍作为领导者短见而刚愎，要么谋而不决，要么决而寡要，导致贻误战机，一错再错。

第五节 “凶神恶煞”陷阱

《韩非子·难势》记载，法家的慎到推崇“势治”，他形象地设喻，“飞龙乘云，螣蛇游雾，云罢雾霁，而龙蛇与蚓蚁同矣，则失其所乘也”。大意是，飞龙乘云飞行，螣蛇乘雾游动，然而一旦云开雾散，它们不免就跟蚯蚓、蚂蚁一样了，因为它们失去了腾空飞行的凭借。在慎子看来，在决策活动中，贤人之所以屈服于不贤的人（不肖者），是因为贤人权力小、地位低。因此，必然出现的现象就是“尧为匹夫，不能治三人；而桀为天子，能乱天下”。慎子由此得出结论，势位足以仰赖，而贤智根本不值得欣羡。然而问题在于“释贤而专任势，足以为治乎”。慎子的设喻其实是有明显漏洞的。有道是“夫有云雾之势而能乘游之者，龙蛇之材美之也；今云盛而蚓弗能乘也，雾醲而蚁不能游也，夫有盛云醲雾之势而不能乘游者，蚓蚁之材薄也。”大意为，有了云雾的依托，就能腾云驾雾飞行，是因为龙蛇资质高；同是厚云，蚯蚓并不能腾云，同是浓雾，蚂蚁并不能驾雾，乃是因为蚯蚓、蚂蚁资质低。因此，历史上犹如蚓蚁的“桀、纣南面而王天下，以天子之威为之云雾，而天下不免乎大乱”，也就不难理解了。慎子把“势治”和“贤治”完全对立起来，在政治决策理论上是不成立的。东汉末年的董卓可以说是“挟天子以令诸侯”第一人，大权独揽，谁与争锋，却由于昏招迭出而落个被“点天灯”的悲惨下场。

董卓是东汉末年第一个填补王朝权力真空的拥兵自重的军阀。他的绝佳运气来自无能的大将军何进。何进召董卓进京清除以张让为首的宦官集团，结果董卓未至，外戚集团与宦官集团的尖锐矛盾提前爆发，两败俱伤。当时的中央政府既没了宦官专权，也没了主事的外戚集团，这就为董卓的施政提供了广阔的舞台。须知从东汉中期开始，宦官、外戚交替掌权便成为王朝政治的最大弊端，如今的清爽局面是多少代人苦苦期待的。然而董卓没有头脑，刚掌权就轻率做出操纵皇帝废立的愚蠢决策。《后汉书·董卓列传》记载：“闻少帝在北芒，因往奉迎。帝见卓将兵卒至，恐怖涕泣。卓与言，不能辞对；与陈留王语，遂及祸乱之事。卓以王为贤，且为董太后所养，卓自以与太后同族，有废立意。”大意是，董卓在接驾的过程中，向刘辩询问事变经过，刘辩大概是受了惊吓，语无伦次，而刘协却能表达清楚，董卓知道刘协由董太后抚养长大，他又自认为与董太后同族，于是萌生废刘辩、立刘协之意。正如史学家吕思勉在其《吕著中国通史》中分析的，在专制时代妄言废立君主是极易受人攻击的。“公忠体国之臣，固然皇帝不好，不敢轻于废立。就是奸雄想要专权，甚而至于想要篡位的，也正利于君主的无用，何必要废昏立明？历代篡弑之事，能够成功的，都在权势已成，反对自己的人诛锄已尽之后，哪有一入手便先做一件受人攻击之事的呢？”董卓不能认识到此举可能引发的严重政治后果，他在朝会上大言不惭：“皇帝暗弱，不可以奉宗庙，为天下主。今欲依伊尹、霍光故事，更立陈留王，何如？”这根本是引喻失义，类比不伦。所谓“故事”，就是先例的意思，然而董卓初入京畿，如何与历史上的贤相名臣相提并论，更何况商代太甲和西汉昌邑王刘贺确有失德之处，而刘辩年未弱冠，初无过失。但慑于董卓淫威，满朝公卿“莫敢对”。董卓进而高声恫吓：“昔霍光定策，延年案剑。有敢沮大议，皆以军法从之。”可以见诸《资治通鉴》的是，为了废黜当时的天子，董卓曾经当众按剑呵斥袁绍：“天下之事，岂不在我！我欲为之，谁敢不从！尔谓董卓刀为不利乎！”

董卓在条件远不成熟的情况下主导了东汉王朝末期的一次皇位更迭。他蛮横霸道地以武力逼迫群臣同意更换汉灵帝幼子刘协为帝（就是历史上的汉献帝），并使之成为自己的傀儡。董卓的悖逆举动引起地方诸郡的不满，“山东兵盛”联合讨董，于是董卓决策放弃洛阳，迁都长安。这当然再度引起王朝政治中枢的震动。司徒杨彪明确反对：“移都改制，天下大事，……今无故捐宗庙，弃园陵，恐百姓惊动，必有糜沸之乱。”董卓却对民生问题不屑一顾，他说：“百姓何足与议？若有前却，我以大兵驱之，可令诣沧海！”意思是，跟老百姓有什么好商量的，可凭大军驱之若羊，直奔沧海。杨彪据理力争，认为“天下动之至易，安之甚难，惟明公虑焉”。董卓一下子翻脸了，说：“公欲沮（阻）国计邪！”董卓一怒之下罢了杨彪的官。董卓执意挟持皇帝和百官赴长安，行前将洛阳宫殿付之一炬。迁都长安后，董卓位居太师，每以姜太公自比，号称“尚父”。董氏家族的亲眷纷纷授官晋爵，鸡犬升天。文武百官遇到董卓，都要通名报姓拜于其车下，董卓根本不还礼。董卓还在离长安二百多里处大兴土木，修建私人城池，取名“郿坞”，城墙的高度和厚度与长安城一样。郿坞中贮藏着大量从洛阳等地搜刮来的金银财宝，储存的粮食据说够吃上三十年。董卓扬言：“事成，雄据天下；不成，守此足以毕老。”在董卓专权的数年时间里，法令苛酷，刑罚滥施，冤案层出不穷，“百姓嗷嗷，道路以目”。这个穷凶极恶的帝国掘墓人终于在公元192年被王允与吕布合谋杀死于长安。

领导者恃武力或行政权力强推错误决策，是一条不归路。董卓的决策特点是拒绝沟通，对同僚和下级的存在视若无睹，稍有异议，便火冒三丈，粗暴以对。这对当今企业管理者不无警示意义。我们注意到，时下仍有不少人将华为企业文化简单地等同于所谓“狼性文化”，这是不正确的。“一凶二吼”，有“霸道思想”，与下属沟通不畅，都对正确决策无益。

第六节　“诚信崩塌”陷阱

《吕氏春秋》有相续的两篇《为欲》和《贵信》，其编排耐人寻味。编者似乎在暗示，领导者即便从实现欲望的角度也必须恪守诚信。《吕氏春秋》举了晋文公立信得国的例子。晋文公讨伐原国，与士兵约定七天为期。结果过了七天没有攻克原国，文公就命令撤兵。谋士们纷纷劝说：“原国的粮食已经吃完了，兵力也用尽了，请国君您再等待一下吧！”文公语重心长地说：“信，国之宝也。得原失宝，吾不为也。”于是撤兵回晋国去了。第二年，晋文公又去讨伐原国，并表示这次一定要成功。原国的百姓听说这件事就归顺了晋国。卫国的人听到这个消息，认为晋文公极具诚信，于是也向文公投降。这就是春秋史上“攻原得卫”的故事。《吕氏春秋·为欲》中“文公可谓知求欲矣”意思就是，晋文公懂得如何实现自己的欲望。《吕氏春秋·贵信》还为管理者必须保守信义的理念提供了本体论依据，“天地之大，四时之化，而犹不能以不信成物，又况乎人事”。正史上有“飞将”之称，在民间有“人中吕布，马中赤兔”名头的吕布就败在“二三其德”、反复无常上，最后降曹而不可得，被曹操勒毙于白门楼。

吕布的第一任“老板”是丁原。《三国志》载：“刺史丁原为骑都尉，屯河内，以布为主簿，大见亲待。”可见，丁原对待吕布极为亲厚，这在《三国演义》中被进一步演绎为义父子关系。汉灵帝驾崩，丁原和董卓同受何进之召带兵进京，当然丁原就成了图谋独秉朝纲的董卓的眼中钉。《三国志》载："卓以布见信于原，诱布令杀原。布斩原首诣卓，卓以布为骑都尉，甚爱信之，誓为父子。"大意为，董卓见吕布被丁原信任，便诱使吕布杀掉了丁原，吕布拿着丁原的首级来见董卓，被董卓任为骑都尉，董卓非常宠信吕布，和他约誓结为父子。董、吕关系迅速进入"蜜月期"。董卓对吕布信任有加，"卓自以遇人无礼，恐人谋己，行止常以布自卫"。董卓自认为对人无礼，害怕别人谋害自己，所以出行时常让吕布贴身护卫。但二人关系很快就出现了裂痕。"卓性刚而褊，忿不思难，尝小失意，拔手戟掷布。布拳捷避之，为卓顾谢，卓意亦解。由是阴怨卓。"董卓性情刚烈又褊狭，动怒时不考虑后果，曾经因为一点小事不如意，就拔出手戟扔向吕布，好在吕布身手敏捷避开了，并立刻向董卓道歉，董卓的怒气也就消了。但从此吕布暗中怨恨董卓，直至向拉拢自己谋诛董卓的司徒王允"陈卓几见杀状"。后来发生的事，《三国志》记载："时允与仆射士孙瑞密谋诛卓，是以告布使为内应。布曰：'奈如父子何！'允曰：'君自姓吕，本非骨肉。今忧死不暇，何谓父子？'布遂许之，手刃刺卓。"《三国演义》对吕布先后刺杀丁原和董卓的过程做了非常精彩细致的发挥，评点家毛宗岗的夹批非常犀利有趣，在小说写到吕布提刀入帐弑杀丁原并且声称"吾堂堂丈夫，安肯为汝子乎"处评论"堂堂丈夫，不为丁原子，然一堂堂丈夫又何独为董卓子乎？总是金珠、赤兔在那里说话耳"；在吕布拜董卓为义父处评论"方杀一义父，又拜一义父；杀得容易，亦拜得容易"。后来董卓大呼"吾儿奉先何在"而被吕布一戟刺穿咽喉处又评论："布孝丁原以刀，孝董卓以戟。或刀或戟，比以用力用劳，各尽子道。”

吕布的一生，叛字当头，在叛丁原、叛董卓后，又叛袁术、叛袁绍、叛刘备。吕布在钜野之战败于曹操后，如丧家之犬投奔刘备。刘待吕不薄，分小沛之地让其屯扎。哪知吕布的老毛病又犯了，与袁术暗通款曲，演出一幕鸠占鹊巢的戏码。史载：“袁术与吕布书，劝令袭下邳，许助以军粮。布大喜，引军水陆东下。……张飞败走，布虏备妻子及将吏家口。”刘备收拾残兵败将向东与袁术交战，再败。不得已，刘备向吕布投降，把徐州牧拱手相让。吕布令刘备驻屯小沛，二人主客地位大逆转。

吕布的徐州牧毕竟没有得到朝廷的正式认可，于是遣陈登出使许昌。陈登对曹操说：“对待吕布将军就如同养虎，应当让他吃饱肉，吃不饱他就会吃人。”曹操回答：“不像你所说的那样。对待吕布就如同养鹰，饿着它就能为我所用，吃饱了它就会飞走。”曹操还对吕布其人给出“狼子野心，诚难久养”的评语，看来他早就看透了吕布轻于去就的本性。后来曹操率军攻破下邳，吕布在白门楼被活捉。吕布请求说：“绑得太紧了，稍微松一点吧。”曹操笑言：“绑老虎不能不紧啊。”吕布还不死心，申明自己在军阀混战中的用处，表示甘愿为曹操效力。吕布说：“您所担心的不过是我吕布，我现在已经服从了，天下就没有什么可忧虑的了。如果您率领步兵，让我吕布率领骑兵，那么天下就足以平定了。”这使爱才惜才的曹操不免为之心动。不过吕布“事丁原则杀丁原，事董卓则杀董卓”的“黑历史”实在难以洗刷，超出任何领导者对人才的品格容忍度的极限。所以当刘备进言“明公不见布之事丁建阳及董太师乎”，曹操幡然醒悟。吕布骂刘备“是儿最叵信者”，这显得颇具讽刺意味，依吕布一生行事，他哪有资格质疑别人的诚信品质呢？

陈寿在《三国志》中对吕布盖棺论定：“有虓虎之勇，而无英奇之略，轻狡反复，唯利是视。自古及今，未有若此不夷灭也。”在陈寿看来，空有猛虎般的勇力，却信义大亏，从古到今没有不失败的。这很值得后世领导者引以为戒。

参考资料

[1] 艾·里斯，杰克·特劳特. 定位［M］. 谢伟山，苑爱冬，译. 北京：机械工业出版社，2011.

[2] 艾·里斯，杰克·特劳特. 商战［M］. 李正栓，李腾，译. 北京：机械工业出版社，2011.

[3] 中国人民解放军军事科学院战争理论研究部《孙子》注释小组. 孙子兵法新注［M］. 北京：中华书局，2005.

[4] 钱穆. 论语新解［M］. 北京：三联书店，2005.

[5] 涩泽荣一. 论语与算盘［M］. 余贝，译，北京：九州出版社，2012.

[6] 孟子［M］. 杨伯峻，杨逢彬，注译. 长沙：岳麓书社，2000.

[7] 傅佩荣. 解读易经［M］. 上海：上海三联书店，2007.

[8] 韩非子［M］. 高华平，王齐洲，张三夕，译注. 北京：中华书局，2015.

[9] 商君书［M］. 石磊，译注. 北京：中华书局，2011.

[10] 陈荣捷. 王阳明传习录详注集评［M］. 重庆：重庆出版社，2017.

[11] 陈鼓应. 老子注释及评介［M］. 北京：中华书局，1984.

[12] 荀子［M］. 方勇，李波，译注. 北京：中华书局，2015.

[13] 郭沫若. 十批判书［M］. 北京：东方出版社，1996.

[14] 吉姆·柯林斯，杰里·波勒斯. 基业长青［M］. 真如，译，北京：中信出版社，2019.

[15] 吉姆·柯林斯. 从优秀到卓越［M］. 俞利军，译，北京：中信出版社，2019.

[16] 冈田武彦. 孙子兵法新解：王阳明兵学智慧的源头［M］. 钱明，徐修竹，译. 重庆：重庆出版社，2017.

[17] 韩兆琦. 史记评注本［M］. 长沙：岳麓书社，2004.

[18] 李瀚文. 资治通鉴汇评精注［M］. 北京：北京联合出版公司，2016.

[19] 王阳明全集：1-5［M］. 马昊宸，主编. 北京：线装书局，2012.

[20] 黄宗羲. 明儒学案［M］. 沈芝盈，点校. 北京：中华书局，2008.

[21] 朱熹. 四书章句集注［M］. 北京：中华书局，1983.

[22] 许倬云. 从历史看管理［M］. 桂林：广西师范大学出版社，2005.

[23] 许倬云. 从历史看领导 [M]. 桂林：广西师范大学出版社，2006.
[24] 萧一山. 曾国藩传 [M]. 海口：海南国际新闻出版中心，1994.
[25] 何贻焜. 曾国藩评传 [M]. 北京：中国社会出版社，1999.
[26] 曾文正公家书 [M]. 北京：中国书店，2018.
[27] 张宏杰. 曾国藩的正面与侧面 [M]. 北京：民主与建设出版社，2014.
[28] 彼得·德鲁克. 卓有成效的管理者 [M]. 许是祥，译. 北京：机械工业出版社，2016.
[29] 亨利·明茨伯格. 写给管理者的睡前故事 [M]. 薛香玲，徐二明，译. 北京：机械工业出版社，2020.
[30] 余明侠. 诸葛亮评传 [M]. 南京：南京大学出版社，1996.
[31] 唐书文. 六韬·三略译注 [M]. 上海：上海古籍出版社，2006.
[32] 宁高宁. 五步组合论 [M]. 北京：企业管理出版社，2023.
[33] 田涛，吴春波. 下一个倒下的会不会是华为 [M]. 北京：中信出版社，2015.
[34] 韦庆远. 暮日耀光：张居正与明代中后期政局 [M]. 北京：中国社会科学出版社，1991.
[35] 黄仁宇. 万历十五年 [M]. 北京：三联书店，1982.
[36] 吕氏春秋 [M]. 陆玖，译注. 北京：中华书局，2011.
[37] 阎崇年. 于谦 [M]. 北京：人民出版社，2019.
[38] 孔雁. 韩非子管理思想研究 [M]. 北京：清华大学出版社，2013.
[39] 秦翰才. 左宗棠全传 [M]. 北京：中华书局，2016.
[40] 李泽厚. 中国古代思想史论 [M]. 北京：人民出版社，1985.
[41] 李泽厚. 历史本体论 [M]. 北京：三联书店，2002.
[42] 冯唐. 胜者心法 [M]. 北京：民主与建设出版社，2023.
[43] 徐富海. 王安石改革的逻辑与陷阱 [M]. 北京：北京大学出版社，2023.
[44] 冯梦龙. 智囊全集 [M]. 何汉杰，译注. 北京：中华书局，2024.
[45] 吕思勉. 吕思勉讲三国 [M]. 北京：九州出版社，2008.
[46] 吕思勉. 中国通史 [M]. 南昌：江西师范大学出版社，2017.
[47] 易中天. 三国纪 [M]. 杭州：浙江出版联合集团，2016.
[48] 曾仕强. 胡雪岩的经营管理 [M]. 北京：中国工人出版社，2001.
[49] 冯友兰. 中国哲学简史 [M]. 北京：北京大学出版社，1985.